Découvrez votre émotion dominante

Robert Zuili

Découvrez votre émotion dominante

avec un nouvel outil de coaching,
la Chaîne de Valeur Émotionnelle

Dessins de François Baude

InterEditions

L'auteur remercie
pour sa préciseuse collaboration
Émilie Devienne

ISBN 978-2-10-051520-2

TABLE DES MATIÈRES

Deuxième partie

ET DANS LA VIE DE TOUS LES JOURS ?
ILLUSTRATIONS PAR DES CAS PRATIQUES

INTRODUCTION

Une fois le premier maillon trouvé, tout devient facile

ET SI LE BONHEUR AVEC UN GRAND B était la somme des petits bonheurs avec un petit **p** et un petit **b** ? La vie met sur notre chemin toute la journée des occasions d'être bien, déstabilisé, euphorique ou défaitiste. À la clé de cette météo changeante, les émotions. Elles se manifestent au travail et la vie au travail se prolonge dans le temps de la vie familiale. Inversement, le temps de l'espace privé rejaillit dans l'espace public.

Colère contre un N+1, rivalité avec un confrère, énervement devant une photocopieuse récalcitrante, panique en face d'un écran muet, anxiété et stress, retard, peur de commettre la faute qui vous coûtera votre poste, inquiétude en voyant des acheteurs sillonner l'usine, mais aussi la satisfaction de boucler un contrat, la fierté de réussir une affaire, l'éclat de rire devant la machine à café ou le tract en réunion…autant d'exemples parmi des centaines d'autres que les émotions rythment notre journée inlassablement par la manière dont elles se traduisent en chacun de nous.

Les émotions règnent aussi dans le foyer. Pensons au bonheur du premier sourire ou du premier « maman » prononcé approximativement, à la joie de voir son enfant sur scène à une fête de fin d'année, à l'inquiétude d'une relation dont les bas commencent à dominer les hauts, aux espoirs que soulèvent de meilleurs résultats médicaux quand un être cher est malade, à l'euphorie mêlée de fatigue autour d'un déménagement ou d'un chantier, à la peine quand notre animal disparaît, la liste est infinie.

Nous avons donc tout intérêt à mieux les connaître pour négocier avec elles quand le besoin s'en fait sentir… Et l'expérience montre que ledit besoin est omniprésent ! Les États-Unis, par exemple, s'intéressent de plus en plus à la « psychologie du bien-être ». « Comment puis-je être heureux ? », « Le bonheur est-il fait pour durer ? », deux interrogations à la portée universelle. Si la conscience pleine et entière de nos engrenages émotionnels peut nous aider à répondre par l'affirmative, qu'attendons-nous ? Le bonheur devrait être reconnu « d'utilité publique » ! Les biologistes notamment montrent les effets qu'il engendre sur la longévité et la stimulation de notre système immunitaire.

Un garçon ne pleure pas, une fille ne se met pas en colère. Manifester ses émotions par une réaction corporelle, si discrète soit-elle, n'est pas bien vu dans notre société. Ainsi, la jeune femme qui rougit est encore plus gênée, celui qui prend la parole en public et dont la voix chevrote est englouti sous le trac, l'enfant qui a peur dans le noir sent grandir l'angoisse à force de se taire. Que dire d'un client mécontent à la colère démesurée ? Comment ne pas paniquer à la première phrase assassine de l'homme ou la femme que l'on aime ? Faut-il exulter à chaque compliment ?

Nos accès de colère, nos moments d'euphorie, nos replis dans le silence, nos passages à vide un peu mélancoliques… Toutes ces attitudes correspondent à des réponses que nous trouvons au plus vite pour faire face à nos émotions. Parfois, elles suffisent à donner la bonne information, parfois, elles nous jouent des tours et c'est l'impair. Au mieux, la gaffe sera sans conséquence durable, au pire, elle nous coûtera notre réputation, voire notre emploi ou notre histoire de cœur. Pourtant, si l'on sait les manier habilement, les émotions peuvent guider nos pas.

Depuis les années 1980-1990, comme pour mieux s'en persuader, les neurosciences ont commencé à nous aider. Les innovations en imagerie médicale ont été très riches d'enseignement. Nous pouvons voir notre cerveau à l'œuvre comme une future maman peut partager un moment… d'émotion avec le futur papa autour d'une première échographie ou d'une séance d'haptonomie.

Ces percées scientifiques viennent au-devant des sciences humaines pour affirmer que le cerveau est notre grand chef d'orchestre. Qu'il dicte notre comportement selon des processus de plus en plus souvent observables et analysables.

Notre personnalité est une somme d'expériences et d'apprentissages qui sont autant d'expériences émotionnelles. Nous allons donc voir quelles sont « ces émotions qui nous gouvernent ». En quoi elles consistent et comment nous pouvons en maîtriser l'engrenage et cohabiter… Choisir l'efficacité et le bien-être émotionnel et relationnel…

Partie

I

VERS LE BIEN-ÊTRE ÉMOTIONNEL ET RELATIONNEL

Mes émotions ?
Moi j'ai le droit de pleurer.
Pas si mal !!!

1

CES ÉMOTIONS QUI NOUS GOUVERNENT

QUAND ON COMMENCE à se demander ce que sont ces émotions dont on parle tant à notre époque et à propos desquelles tant d'ouvrages paraissent, on se dit qu'a priori, avec toutes ces recettes, nous devrions aller bien. Il paraît qu'on les « gère » (plus ou moins bien je vous le concède) et qu'elles émaillent notre quotidien. Depuis la petite joie du matin au grand désespoir du soir à moins que ce ne soit l'inverse, nos

24 heures réglementaires sont fertiles en occasion de réagir émotionnellement.

Puis, très vite, on se rend compte que parler des émotions, c'est complexe et aux antipodes des solutions toutes faites. C'est peut-être même, selon l'environnement dans lequel nous vivons, un tabou. Ça dérange d'en parler, voire de les citer. Combien de fois ai-je pu entendre dire qu'en entreprise il n'y a pas de place pour l'émotion. Avec l'émotion, ce qui est intéressant, c'est que si vous ne lui laissez pas de place, elle se sert toute seule… Célébrer l'émotion, c'est ouvrir les yeux sur des domaines très divers des sciences pures et des sciences humaines. De la biologie à la philosophie, de la sociologie à la psychologie, les émotions animent tous les débats. Et pour cause ! Elles sont partout, en nous et en dehors de nous.

Et tout ça pour quoi ? Parce que les émotions créent du lien. Du lien en nous, du lien avec les autres. Cette qualité s'applique aussi bien en France que sous tous les cieux du monde pour peu que l'on s'entende sur les codes sociaux minimaux à partager. Un enfant triste, par exemple, déversera son chagrin où qu'il soit dans le monde par des larmes bouleversantes.

Universelles, les émotions sont aussi l'expression d'une singularité par l'expérience qu'elles nous font vivre. Ainsi, une nouvelle vous rendra heureux quand la même information attristera une autre personne. Pensons à une nomination par exemple ou à une rupture amoureuse. Si l'homme de votre vie vous quitte pour en aimer une autre, celle-ci sera comblée, vous sans doute moins dans un premier temps ! Les émotions comportent à la fois une dimension d'évaluation et d'expressivité du corps. À travers leur lisibilité corporelle, les émotions sont parties prenante de l'activité de communication. Dans quelle mesure pouvons-nous maîtriser nos émotions, choisir d'en écouter certaines plus que d'autres, comprendre ce qu'elles nous disent ? Voilà quelques-unes des questions auxquelles nous répondrons grâce à la Chaîne de Valeur Émotionnelle (CVE).[1]

---

1. La Chaîne de Valeur Émotionnelle© ou CVE© est une marque déposée.

LES ÉMOTIONS QU'EST-CE QUE C'EST ?

Alors là, c'est la bonne question ! Autant de personnes, autant de réponses ! Faites un petit sondage autour de vous et vous verrez il y a de quoi être étonné : rares seront les personnes capables de vous en citer quelques-unes spontanément. On vous mentionnera la peur ou la colère, mais pourquoi pas la culpabilité ou le chagrin ou encore la frustration, voire l'anxiété, la douleur, la rancune... Quelle confusion entre émotions, sentiments, sensations, ressentiments, parfois même pressentiments !

C'est normal, parce que les émotions suscitent des recherches dans bien des domaines. Essentiellement, ce sont plutôt la philosophie, la psychologie et la biologie qui ont planché sur le sujet. Mais on trouve également des travaux passionnants parmi les éthologues, les anthropologues, les sociologues et même les économistes ! Explorons ensemble quelques points de vue…

Ce qu'en disent les philosophes…

Depuis l'Antiquité, les philosophes se sont interrogés afin de savoir ce que l'on pouvait bien faire des émotions ! Faut-il les combattre ? Les maîtriser ? Les analyser ? En trame de fond, c'est la question de l'emprise du cœur sur la raison qui fait débat et, avec elle, le poids de la religion. Ainsi, traditionnellement, l'âme et le corps étaient distincts. À l'instar de Claude Bernard, les matérialistes du XIXe siècle ne déclaraient-ils pas : « Je n'ai jamais vu d'âme sous mon scalpel » ! Bien avant lui, Platon soutenait que le corps est une source d'erreur puisqu'il abrite nos passions.

Les coachs que nous sommes aimons bien nous tourner vers Socrate. Nous lui devons l'art de la maïeutique[1] ; or, que faisons-nous aujourd'hui en coaching si ce n'est offrir à notre coaché un lieu d'écoute où il peut, avec nous, co-construire sa solution ? La mère de Socrate était sage-femme et l'on pourrait

1. Maïeutique : « Méthode suscitant la mise en forme des pensées confuses par le dialogue » (*Petit Robert*).

pousser la métaphore jusqu'à dire que nous permettons à notre client d'accoucher de ses propres idées, nous les accompagnons.

Pour en revenir aux émotions, notre homme voyait dans la maîtrise des émotions un gage de liberté. Ne pas se contrôler revenait pour lui à demeurer un être avili. Socrate n'ayant laissé aucun écrit, nous le connaissons par des témoignages de disciples dont le plus célèbre est sans aucun doute Platon. Comme Socrate, il oppose le corps et l'âme. Platon défendait l'hégémonie de la raison sur l'émotion. Pour l'auteur de *La République*, les émotions sont à bannir de la vie politique. Il mise sur l'éducation pour développer la raison. Ce qui est amusant, avec le recul, c'est de constater qu'aujourd'hui, au contraire, on sait combien les émotions interviennent dans le processus cognitif, dans l'apprentissage et l'acquisition de connaissances, voire dans les débats politiques.

Le rationalisme cartésien procède du même raisonnement. Notre René Descartes national défend que l'affectif trouble la raison. Dans le prolongement de sa pensée, Pascal ne dira-t-il pas : « Le cœur a ses raisons que la raison ignore. »...

Tandis qu'au cours du XIXe siècle, Claude Bernard, médecin et physiologiste, déclare : « Je n'ai jamais vu d'âme sous mon scalpel ! », les matérialistes sont timidement remis en cause grâce aux premières recherches en neuropsychologie. Celles-ci tentent de démontrer que raison et émotion ne sont peut-être pas si incompatibles que la tradition veut bien nous le faire croire.

Et aujourd'hui ? Classique de la philosophie contemporaine, Sartre nous proposait de définir l'émotion non comme un simple mécanisme affectif, mais comme un « mode d'existence de la conscience »[1]. En 2002, le philosophe Pierre Livet défendait que les émotions restent « le moteur principal de nos explorations morales »[2]. Entre les deux, un nombre important de grands intellectuels qui continuent de s'interroger sur le lien

1. Sartre, J.-P., *Esquisse d'une théorie des émotions*, LGF, Livre de Poche, 2000.
2. Livet, P., *Émotions et rationalité morale*, PUF, 2002.

entre le corps et l'esprit. Les principaux éléments de nouveauté concernent leurs réflexions autour des émotions et de notre capacité à décider, à apprendre et à être heureux.

Ce qu'en disent les scientifiques…

Tout commence par un accident en 1848… L'homme s'appelle Phineas P. Gage. Il est chef d'équipe pour les travaux de voies ferrées en Nouvelle-Angleterre aux États-Unis. Lors d'une explosion, une barre en fer lui traverse le crâne, provoquant des dommages aux lobes frontaux de son cerveau. S'il ne meurt pas et ne souffre d'aucune paralysie, son humeur en revanche, change du tout au tout. Il était affable, il devient irascible, asocial et instable professionnellement.

Autant de changements qui vont intéresser la communauté scientifique penchée sur son cas. Grâce à lui, les chercheurs commencent à voir autrement la localisation des fonctions dans le cerveau. Son histoire est même si singulière qu'Antonio Damasio, neurobiologiste d'origine portugaise et directeur du Département de neurologie de l'Université de l'Iowa (États-Unis), reconstituera par ordinateur le parcours probable de la barre en question dans le cerveau de Gage pour continuer d'approfondir sa compréhension.

Nous sommes alors au début des années 1990. En ce sens, Phineas P. Gage a ouvert la voie non ferrée celle-là et nous a mis sur les rails de la neurologie puis, la neurobiologie. La compréhension du fonctionnement des émotions est désormais considérée comme fondamentale pour élargir les connaissances sur le cerveau.

Le XXe siècle bouleverse la manière d'envisager la relation des émotions et de la raison. Ce siècle, où l'on a célébré le culte du corps, l'hédonisme, l'écoute de soi va proposer une réhabilitation du corps. Certes, l'intellectualisme garde ses lettres de noblesse, mais désormais, il doit s'harmoniser avec le langage du corps. Et c'est ainsi que notre culture occidentale va accepter l'idée qu'opposer raison et émotion est peut-être erronée.

Quelques aires corticales

Soyons techniques quelques instants : les émotions trouvent leur source anatomique dans une partie archaïque du cerveau, le système limbique que l'on appelle familièrement le « cerveau des émotions ». Niché sous le cortex et ses deux hémisphères, il envoie des signaux à l'hypothalamus. Celui-ci, à son tour, est connecté à l'hypophyse. Cette petite glande agit sur le système endocrinien qui contrôle l'équilibre hormonal de l'organisme. L'hémisphère droit intervient plutôt quand des émotions négatives surviennent, tandis que l'hémisphère gauche serait davantage concerné par les émotions positives. Dans ce dédale, les émotions ne se contentent pas de se déclencher et de nous pousser à agir ou à réagir. Elles nous donnent une idée de l'intensité de ce qui se présente grâce à la vitesse à laquelle elles le font.

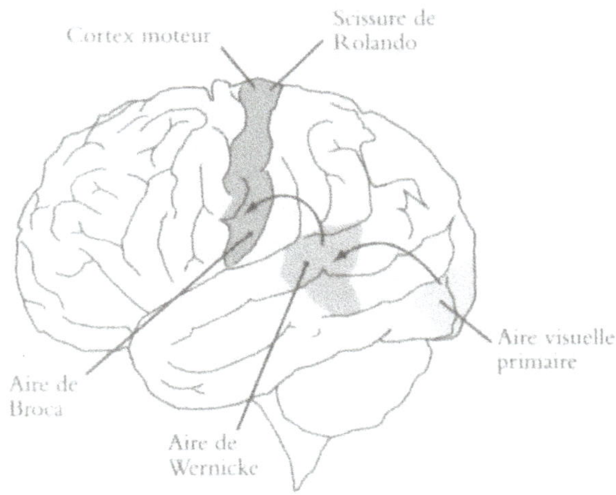

Figure 1.1 – Quelques aires corticales

L'ouvrage de référence nous vient d'Antonio Damasio. Dans *L'erreur de Descartes*, il émet l'hypothèse qu'il existe un lien entre nos émotions et nos capacités à décider de la chose à faire ou, au contraire, de la nécessité de réprimer notre intention d'agir, se mettre en colère par exemple ou contrôler une envie autrement irrépressible. Pour prendre des décisions, le cortex s'appuie sur des informations émotionnelles que Damasio appelle « marqueurs somatiques » ou encore « marqueurs émotionnels », comme les réactions de peur ou de plaisir. Dans un autre ouvrage, *Spinoza avait raison : joie et tristesse, le cerveau des émotions*[1], notre prolifique chercheur quitte Descartes qui distinguait le cœur et la raison pour trouver chez le philosophe hollandais celui qui, au contraire, les réunit. Pour la neurobiologie, l'affaire est entendue : les émotions émanent de notre cerveau. Nous leur devons notre survie et nos sensibilités culturelles.

Ce qu'en disent les anthropologues...

Des « sensibilités culturelles » à l'anthropologie des émotions, il n'y a qu'un pas. L'anthropologue et sociologue David Le Breton le franchit volontiers et soutient l'idée que l'émotion n'est pas une réalité en soi, mais le reflet des conditions sociales dans lesquelles la personne a grandi, évolue à l'âge adulte et le reflet de sa sensibilité intrinsèque. C'est pourquoi l'émotion n'existe pas, comme ça, à l'état pur. Elle répond à un rituel plus ou moins conscient, elle envoie des messages chargés plus ou moins clairement de sens pour autrui. Rien n'est inné dans la manière dont elle se manifeste (vocabulaire, attitude corporelle, référence...). Dans *La saveur du monde*, il écrit : « Si le corps et les sens sont les médiateurs de notre rapport au monde, ils ne le sont qu'à travers le symbolique qui les traverse »[2].

Pour le courant anthropologique, l'expression des émotions varie selon l'époque et les cultures. Elles participent de la construction de l'identité individuelle.

Ce qu'en disent les psychologues...

La « construction de l'identité », voilà bien le domaine des psychologues. En effet, au fur et à mesure qu'il se développe, l'individu se construit une personnalité dont les aspects émotionnels définissent le tempérament.

1. Damasio, A., *Spinoza avait raison : joie et tristesse, le cerveau des émotions,* Paris, Odile Jacob, 2003.
2. Le Breton, D., *La saveur du monde, une anthropologie des sens*, Paris, Métailié, 2006.

Quand ils s'intéressent aux émotions, les psychologues cherchent surtout des réponses à deux grandes questions :

- À quoi servent les émotions ?
- Quelles sont les influences des facteurs émotionnels dans l'apprentissage, le comportement, etc.

De nombreux psychologues utilisent le FACS (*Facial Action Coding System*) ou Système de codage des actions faciales. Nous le devons au psychologue américain Paul Ekman. Dans les années 1970, avec son équipe, il a parcouru le monde pour voir si des attitudes du visage pouvaient être clairement identifiées comme significatives d'émotions spécifiques. Il en est ainsi arrivé à retenir six émotions de base à partir d'une première liste qui en énonçait quinze. Ce sont la surprise, la tristesse, la colère, le dégoût, la peur et la joie. Je préfère ici faire l'hypothèse que la surprise constitue une réponse comportementale à une émotion de type peur ou colère et que le dégoût relève du domaine de la sensation.

D'autres psychologues, dont l'Américain James R. Averill, complètent la gamme en mentionnant la honte, la culpabilité, l'envie, la fierté, le regret.

Plus près de nous, de l'autre côté des Alpes, dans le centre qu'il a créé à Genève, Klaus Scherer, dirige un Pôle de Recherche unique au monde, consacré à l'étude interdisciplinaire des émotions et de leurs effets sur le comportement humain et la société. Dans *Le Monde*, il écrivait : « Aujourd'hui on a l'impression que le comportement, plutôt que d'être jugé acceptable ou inacceptable, devient, au moins pour la génération des jeunes, objet de négociations entre les personnes directement concernées[1]. » Ce spécialiste « es-émotion » a pour ambition « de faire prendre en considération une nouvelle gamme de compétences autres que professionnelles et sociales, les compétences émotionnelles[2] ».

1. Scherer, K., « Le Futur des émotions », *Le Monde*, 22 novembre 2001.
2. Berthou Élisabeth, « Les émotions ne s'arrêtent pas à la porte de l'entreprise », *Courrier International*, 29 mars 2004.

Ce rapprochement du monde des émotions avec celui des ressources humaines nous conduit à signaler l'émergence d'une « neuroéconomie ». L'un de ses porte-étendards est très certainement le prix Nobel d'économie 2002, Daniel Kahneman. Professeur à l'Université de Princeton, il a obtenu cette haute distinction pour avoir intégré la psychologie à l'analyse économique. Se fondant sur la motivation de l'individu, ses recherches ont notamment concerné « la prise de décision en incertitude ». Dans le même esprit, Alain Berthoz, professeur au Collège de France où il dirige le laboratoire de physiologie de la perception et de l'action montre que : « les émotions jouent un rôle décisif dans plusieurs des mécanismes de décision : sélection des objets dans le monde, guidage de l'action future en fonction du passé, flexibilité des choix de comportement[1]. »

Nous avons vu ce que peuvent être les émotions, voyons maintenant ce qu'elles ne sont pas…

Émotions et sentiments

La confusion des deux termes est fréquente et témoigne bien du lien étroit que les deux mots entretiennent. Pour prendre une image, je dirais qu'un sentiment habille une émotion. En ce sens, les sentiments sont le costume de l'émotion. Ils l'extériorisent. L'émotion s'exprime lorsque les sentiments sont verbalisés, mais simultanément toute émotion est aussi au cœur du sentiment déclaré. Le sentiment est agrippé à une émotion comme la Lune à la Terre. C'est à ce titre que l'on peut différencier les sentiments satellites des sentiments auxiliaires. Les premiers sont spécifiquement rattachés à une émotion et une seule, les seconds voyagent d'une émotion à l'autre. C'est ainsi toute la différence entre l'injustice et la frustration.

L'émotion correspond à une réaction agréable ou déplaisante à ce qui nous arrive. Elle se traduit par une ou plusieurs manifestations corporelles (mimiques, intonations, palpitations,

1. Berthoz, A., *La Décision*, Paris, Odile Jacob, 2003.

tremblements, blocages respiratoires...) et ces signaux sont traduits par notre cerveau en un ou des sentiments. Une émotion donne à un échange une valeur émotionnelle forte. L'éducation, les valeurs de la société dans laquelle on évolue, notre langage, notre environnement culturel, sont autant d'éléments qui influencent notre façon d'exprimer nos émotions. Cela fait des sentiments une sorte de langage des émotions.

Darwin soutenait que les sentiments n'ont d'existence que parce qu'ils sont reconnaissables par autrui. Voilà que nous touchons du doigt un des intérêts des émotions : nous offrir un mode de communication.

L'émotion se distingue aussi du sentiment en ce qu'elle porte toujours sur un objet précis ou un fait, en tout cas une cause précise qui la justifie. C'est la même distinction qu'entre l'émotion et l'humeur. On a peur de telle ou telle chose, on redoute telle ou telle personne, par exemple. Alors qu'un des sentiments associé à la peur, pensons à l'angoisse par exemple sera plus diffus. On ne se sent pas bien, mais sans pouvoir nécessairement attribuer une cause précise à ce mal-être. Même phénomène avec la joie. Un individu éprouvera de la joie parce qu'il a gagné un lot par exemple, un prix ou une reconnaissance quelle qu'elle soit. En revanche, il se sentira juste bien sans pouvoir identifier précisément une raison qui motive ce confort psychique.

Dans une interview qu'il accordait en 2004 à la revue *Cerveau & Psycho*[1], Antonio Damasio expliquait à propos de cette fameuse distinction entre émotions et sentiments : « Selon moi, une émotion est un ensemble de réactions corporelles face à certains stimulus. Dès que nous avons peur, le rythme cardiaque s'accélère, la bouche devient sèche, la peau pâlit, les muscles se contractent. De telles réactions sont automatiques et inconscientes. Abordons maintenant les sentiments : ils naissent lorsque nous prenons conscience des

1. Damasio, A., « Cerveau & émotions », par Manuela Lenzen, *Cerveau & Psycho* n° 6, juin-août 2004.

« émotions » corporelles, lorsque ces dernières sont transférées dans certaines zones du cerveau où elles sont codées sous forme d'une activité neuronale. Dans l'exemple évoqué, les modifications physiologiques nous font ressentir un sentiment de peur. »

L'émotion se situe davantage dans l'instant (le sentiment est plus inscrit dans la durée) et apparaît dans le contexte du changement.

Je vous propose de compléter cette explication par l'origine étymologique des termes.

- *Émotion* vient du latin « *movere* » : se mouvoir, mettre en mouvement. Une émotion nous incite à prendre une décision et à agir. L'émotion génère un mouvement dans le sens où son apparition créé une tension. Seule la mise en mouvement nous permet de la gérer, de la digérer.
- Le *sentiment*, quant à lui, fait référence à la faculté de sentir. Il vient donner du sens à ce mouvement ou une conscience plus ou moins claire de ce qui se passe. Il agit en quelque sorte en interne, quand le comportement, lui, est une manifestation externe.

Émotions et mémoire

Observer de l'intérieur notre mécanique cérébrale permet de passer du cortex à la mémoire des émotions. La mémoire n'est pas seulement, loin s'en faut, une faculté intellectuelle qui « flanche » comme le chantait si bien Jeanne Moreau. On peut aussi la comparer à un grand vivier sensoriel. Ainsi, tel convive se remémorera le premier baiser qu'il a échangé avec la femme de sa vie et, tout de suite, l'émotion refera surface.

Dans un registre moins plaisant, qui n'a pas ressenti une sorte de décharge dans le ventre en voyant s'afficher sur son portable le nom d'un interlocuteur auquel on ne veut surtout pas parler. Immédiatement, selon les circonstances, c'est la peur, la colère ou même la tristesse qui va saisir l'intéressé. Certains comédiens confient d'ailleurs que, pour « pleurer sur commande » en quelque sorte, ils n'hésitent pas à se concentrer sur un événement triste afin d'avoir les larmes aux yeux.

Émotions et stress

Le mot « stress » est apparu au milieu du XXe siècle. Selon un sondage TNS Sofres, 44 % des Français seraient concernés par le stress[1]. Quand on se situe sur le versant positif, « le stress doit permettre à l'être humain, dans une situation de grand danger, d'améliorer ses performances et de lutter plus efficacement[2] ». Le stress, s'il est « contrôlé », peut aussi s'avérer un facteur de réussite. En revanche, quand il devient pathologique, il peut engendrer une multitude de problèmes de santé aussi bien physique que mentale. Ce travail de sape vient notamment des effets dévastateurs du stress sur notre système immunitaire et cognitif. Son coût pour la société est élevé. En France, « la CFE-CGC estime que le stress professionnel coûte, en moyenne, 3 % du produit intérieur brut (PIB), soit 51 milliards d'euros[3]. » C'est stressant, rien que d'y penser…

C'est pourquoi « nous devons gérer notre stress pour pouvoir apprivoiser nos émotions dans les meilleures conditions possibles[4] » comme l'écrit Bernard Sananès, psychologue. À la lumière du modèle de la CVE, je suis tenté de dire plutôt, apprivoisons nos émotions et accueillons nos sentiments pour parvenir à une gestion optimisée du stress.

Ce qui fait l'unanimité

Cette géométrie variable des émotions, si vous me permettez l'expression, permet d'éviter l'écueil qui consisterait à rédiger une définition réductrice du phénomène. Malgré tout, il est possible de dégager quelques points de consensus à propos des émotions :

- elles correspondent à une réaction physiologique (par exemple, un sourire pour exprimer sa joie) ;
- elles se repèrent quand intervient un changement ;

---

1. Cité dans « Stress au travail : révélations sur un mal français », *Le Figaro Magazine*, 15 avril 2006.
2. Rodet, P., *Le Stress, nouvelles voies*, Paris, Editions de Fallois, 2007.
3. Rodet, P., *op.cit.*
4. Sananès, B., *101 bonnes façons d'apprivoiser son émotivité*, Paris, InterEditions, 2006.

- elles se traduisent par un comportement (par exemple, on prend ses jambes à son cou parce que l'on éprouve de la peur) ;
- elles s'accompagnent d'un ressenti subjectif de plaisir ou de déplaisir (par exemple, une personne rougit parce qu'elle s'est mise en colère et cette chaleur lui est désagréable).
- elles relèvent ainsi aussi bien de la vie intime que de la relation sociale. Les émotions nous font bouger intérieurement, puis nous mettent en mouvement vers l'extérieur auprès d'autrui.
- elles mobilisent l'ensemble du trio cher aux professionnels de l'accompagnement et de la relation d'aide : tête/cœur/corps ou pour parler d'organes : cerveau/cœur/tripes.
- elles articulent les sensibilités très diverses et complémentaires appartenant tant aux sciences sociales qu'aux sciences pures.
- elles combinent des différences culturelles à un caractère d'universalité.

Aux quatre émotions habituellement considérées comme incontournables et basiques, la peur, la colère, la tristesse et la joie, les psychiatres, psychologues, sociologues, philosophes, ethnologues... ajoutent l'amour, la frustration, la surprise, la honte, le dégoût, le ressentiment, etc.

Pour ma part, en concevant la CVE, j'ai préféré m'en tenir au quatuor de base : peur, colère, tristesse et joie. Elles agissent comme quatre gammes de notes de musiques qui se déclinent à l'infini en sentiments, sensations, ressentis et ressentiments pour nous permettre de former chacun notre partition.

Chacun de nous avons cette partition émotionnelle qui, selon notre humeur, est plus ou moins harmonieuse.

La CVE permet d'accéder à cette lecture **et, à elles seules, ces quatre émotions de base, la peur, la tristesse, la colère et la joie, m'ont permis de trouver une réponse claire et précise en termes de mécanique émotionnelle à nos comportements**.

POURQUOI LES ÉMOTIONS SONT-ELLES D'ACTUALITÉ ?

Elles sont omniprésentes et méritent ainsi que nous nous attardions sur elles…

Elles peuvent être considérées comme la première manière d'entrer en contact avec son environnement, de faire connaissance avec le monde ou de donner du sens au monde qui nous entoure…

Elles constituent le noyau de la plupart des maladies mentales quand elles chavirent…

Elles ont séduit les Anciens, elles captivent les Modernes.

Elles renforcent notre équilibre.

Elles contribuent à construire notre identité.

Oui, les émotions sont à l'ordre du jour.

Et il n'y a pas que ça… Trois grands courants influencent notre société, faisant nôtre l'obligation de maîtriser cet engrenage émotionnel, qu'il s'active pendant sa journée de travail ou au sein du foyer familial, dans sa vie sociale ou entre amis. Voyons ces tendances de plus près…

La complexification de l'environnement

Compte tenu de la vitesse de changement, la réversibilité des décisions tient quasiment lieu de sens et de substance à la vie.

Dans ce contexte, il faut s'adapter vite, comprendre vite, gérer vite et tout cela sans écarter l'idée qu'il faille inscrire les changements dans la durée !

Or, la dimension émotionnelle de la prise de décision par le stratège au cœur du mouvement est souvent indéniable et déterminante à la fois. Indéniable car tout échange comporte une part d'émotion, déterminante car cette dimension émotionnelle conditionne l'adhésion ou le rejet des collaborateurs et des équipes.

De plus, le facteur « émotions » doit guider le décisionnaire à tirer profit de ces fluctuations relationnelles. C'est dire l'enjeu que les émotions portent en elle.

À cette rapidité exigée par le monde des affaires et son traitement de l'information dans une logique d'intelligence économique, s'ajoutent plusieurs pratiques de nature à augmenter la pression émotionnelle sur les salariés, quel que soit leur niveau de responsabilité.

Mentionnons : la globalisation de l'activité organisationnelle, la délocalisation de l'appareil productif, les mutations structurelles d'entreprises (fusions, rachats, acquisitions...), l'externalisation des activités, la diversification des statuts de l'emploi et enfin, l'enchevêtrement des entités juridiques.

Ces mouvements collectifs s'accompagnent, à l'échelle individuelle, d'autres temps forts mettant l'individu dans des situations de stress et de tensions au cours de sa carrière. Parmi les plus notoires, nous retiendrons l'entretien d'embauche évidemment, mais aussi l'entretien annuel d'évaluation, la réorientation de carrière, la transition professionnelle, le chômage, la préretraite, la retraite...Toutes ces phases sont lourdes à vivre et mettent les émotions à rude épreuve au sein de la famille également.

L'hypermodernité !

Nous parlions il y a quelques pages encore des relations entre l'émotion et le stress, l'hypermodernité nous y renvoie. En effet, l'individu hypermoderne est en quelque sorte livré à lui-même. Cela le rend vulnérable et ajoute à son stress.

La notion d'hypermodernité est apparue timidement dans les années 1970 en Europe occidentale et en Amérique du Nord. C'est vraiment à partir de la décennie 1990-2000 qu'elle s'affirme en réaction de l'économie post-industrielle. Comme l'explique Nicole Aubert, sociologue et psychologue, à propos d'un ouvrage collectif sur le sujet[1] : La société hypermoderne est une société où tout est exacerbé, poussé à l'excès, à l'outrance. La consommation, la concurrence, le profit, la recherche de jouissance, la violence, le terrorisme, le capitalisme. Dans ce contexte, les émotions sont bien sûr à fleur de peau d'autant que, comme elles se manifestent dans l'instant par opposition aux sentiments qui s'inscrivent dans la durée (nous l'avons vu précédemment), l'individu hypermoderne privilégie l'instant. Il faut donc réguler ce qui se passe dans l'ici et maintenant sans reporter. Il faut vivre ses émotions « en direct » le plus possible et ce, sans provoquer des écarts de conduite inopportuns.

La logique rassurante de la société « moderne » dans laquelle on trouvait un travail régulier pour la vie et grâce auquel on pouvait fonder une famille, signe d'une progression sociale enviable, ce schéma n'existe plus. Le travail est rare et cette réalité engendre des conséquences sociales irréversibles. Parmi les principales mentionnons un écart grandissant entre les salaires, une surqualification généralisée, un développement de l'hyper-individualisme (la fameuse phrase « le monde est une jungle ») encouragé par la concurrence exacerbée dans la course aux jobs, par la compétition permanente pour rester au top, être le meilleur… Enfin, nous l'évoquions précédemment,

1. Aubert, N., *L'individu hypermoderne*, (ouvrage collectif sous la direction de), Ramonville, Eres, 2004.

la mondialisation et l'interdépendance grandissantes des économies sont à la fois un défi et une menace pour les salariés acculés au changement permanent.

Ainsi, à la sortie de son livre *Les temps hypermodernes*[1], Gilles Lipovestsky expliquait : « L'hypermodernité a rendu les hommes globalement plus libres, ils vont avoir de plus en plus de satisfactions, de plus en plus de sollicitations, mais en même temps de plus en plus d'anxiété. Ce n'est ni contradictoire, ni exaltant. » Il écrit notamment à propos de la performance : « Moins les formes collectives nous commandent dans le détail, plus l'individu se montre tendanciellement faible et déstabilisé. Plus l'individu est socialement mobile, plus apparaissent des manifestations d'épuisement et des pannes subjectives ; plus on veut vivre libre et intensément, plus s'accroissent les expressions de la peine à vivre. »

Cette période très ancrée dans l'instant voit triompher l'émotivité et toute la gamme d'angoisse et d'exaltation propre à l'effondrement des valeurs traditionnelles. Cependant, je suis de ceux qui pensent qu'il faut transformer cette tension en une chance de s'approprier sa vie et son destin. Plutôt qu'au centre d'une crise identitaire, les émotions peuvent être comprises comme un puissant outil de réflexion managériale et de connaissance de soi.

L'ensemble du contexte économique et sociologique que nous venons de décrire a profondément modifié les comportements individuels. Si nous résumons, cela se traduit par :

- Une affirmation de l'individu et du mieux-être immédiat.
- Une injonction pour être le plus fort et résister à ce culte de la performance et du « jeunisme ». À titre d'illustration, l'industrie pharmaceutique indique que 60 % des Français utilisent des compléments alimentaires pour tenir le coup et nous savons tous que la France détient le triste record de la plus forte consommation d'antidépresseurs et de tranquillisants au monde.

1. Lipovetsky, G., *Les temps hypermodernes*, Paris, Grasset, 2004.

- Un nouveau rapport au temps avec la prévalence de l'instant, de « tout, tout de suite ».
- Un développement des NTIC qui a pour effet d'éliminer presque totalement les limites entre espace privé et espace public. Les liens sociaux sont de plus en plus fragiles tout en étant de plus en plus faciles – en apparence – à établir. Un coup de clic et l'avenir est à vous… Pas si sûr…

En conséquence, la société attend de chacun qu'il soit plus autonome, plus adaptable, plus informé, plus engagé d'un point de vue sociétal. Si ce n'est pas un parcours du combattant sur le plan émotionnel… !

La responsabilité sociale des entreprises (RSE)

La RSE est la déclinaison volontaire pour l'entreprise des concepts de développement durable, qui intègre les trois piliers : environnemental, social, et économique. Elle est devenue une tendance vedette à partir du Sommet de la Terre de Johannesburg, en 2002.

La RSE répond à des attentes de plus en plus fortes de la part de l'opinion publique qui exige des entreprises qu'elles se conforment à des règles d'éthique et soutiennent les causes sociales et environnementales. Aussi des expériences se multiplient-elles pour élaborer une équation RSE gagnante sur la *triple bottom line* ou triple P, signes de leurs performances en matière de « *People* », « *Planet* » et « *Profit* ». Ces trois P tendent ainsi à définir les responsabilités des entreprises vis-à-vis de ses parties prenantes dans la philosophie « penser globalement et agir localement », formule que nous devons à René Dubos[1].

À la croisée de raisons individuelles et collectives, les émotions méritent désormais leurs lettres de noblesse. Les universités en font des objets de recherche, les ressources humaines apprivoisent l'idée de les prendre en compte dans leurs politiques d'intervention, les familles sont à l'écoute des

1. Agronome, biologiste et écologiste français, 1901-1982.

desiderata de chacun, la quête de soi et le développement personnel leur font la part belle.

L'émotion est à la fois interprétation, expression, signification, relation et régulation d'un échange.

Elle se modifie selon les publics et le contexte.

Elle diffère dans son intensité et même dans ses manifestations selon la singularité.

Elle se coule dans la symbolique sociale et les rituels en vigueur.

De là à parler d'engrenage émotionnel…

2

QU'EST-CE QU'UN ENGRENAGE ÉMOTIONNEL ?

GRÂCE À LA RECHERCHE, les interrelations entre sciences et consciences sont maintenant mises en évidence et de plus en plus finement. Alors que l'on a longtemps considéré les émotions comme des états qui se succèdent au fil des événements, on sait maintenant qu'elles apparaissent plutôt comme des processus.

LE ROUAGE AMORCE LE MOUVEMENT

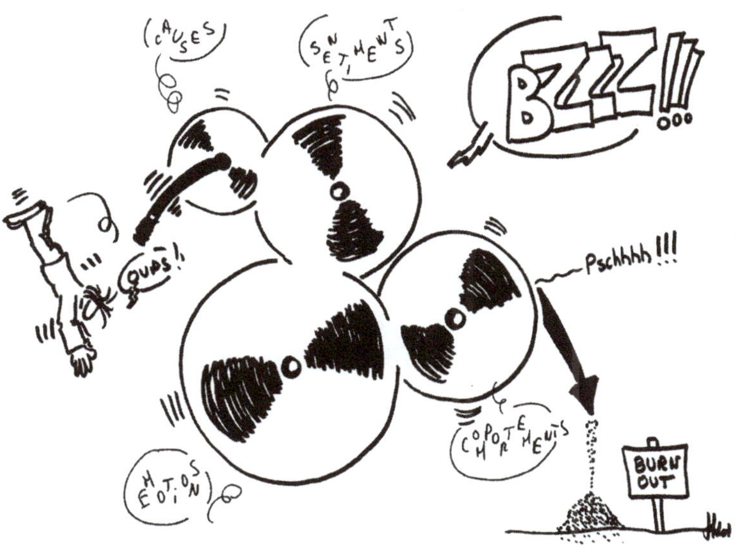

Une émotion, c'est comme un train roulant à grande vitesse ; une fois lancée, on ne peut pas l'arrêter. Elle va aller au bout de sa course et trouver sa forme d'expression soit par un mécanisme de dissolution (elle se dissout en faisant disparaître sa cause originelle), soit de résolution (elle se soulage et traite en réaction l'événement actuel sans traiter sa cause).

C'est ce qu'on pourrait exprimer en d'autres termes comme la différence entre le symptôme et la cause du symptôme. La dissolution vise au traitement de la cause, la résolution à celui du symptôme. C'est pour cela que j'aime l'idée que sous-entend cet « engrenage émotionnel ». Il met à l'œuvre en nous plusieurs enchaînements.

Qu'est-ce finalement qu'un engrenage si ce n'est l'orchestration de deux ou plusieurs roues dentées qui, en entrant les unes dans les autres, font avancer la machine ? Ainsi, sommes-nous le théâtre, volontaire ou non, d'engrenages émotionnels... :

- Parce que chaque émotion provoque une succession de réactions physiologiques et neuronales.
- Parce que les émotions s'enchevêtrent et provoquent en nous une sorte de cocktail émotif. Prenons l'exemple de ces fameux « pots de départ » à la fois un rituel et un pensum. La personne fêtée peut être ravie et triste à la fois de partir et de quitter ses pairs.
- Parce que, dans chaque situation, ce mélange d'impressions différentes fait que se mêlent en nous à la fois des émotions basiques (la joie, la peur, la colère et la tristesse) et des sentiments à coloration plus sociales comme l'orgueil, la fierté, la culpabilité ou la honte.
- Parce que nos émotions rappellent à la surface des souvenirs ou des traumatismes du passé qui s'articulent à l'actualité de ce que nous vivons.
- Parce que nos émotions sont brouillées parfois par nos croyances, nos représentations de ce qui se passe, nos valeurs et que tout cela se mélange au point, parfois, de nous plonger dans la plus grande confusion.

- Parce que nos comportements dictés par nos réactions émotionnelles nous conduisent dans des chemins dont nous savons que trop qu'ils ne nous mènent nulle part…

L'engrenage émotionnel se déclenche selon plusieurs étapes que l'on peut résumer ainsi :

- Un événement donné, agréable ou déplaisant se produit.
- Il déclenche une réaction émotionnelle.
- Celle-ci se traduit par un sentiment conforme selon nous à l'évaluation ou l'interprétation que nous faisons de ce qui vient de nous interpeller. Le sens fait alors irruption !
- Notre cerveau nous dicte un comportement qui tient compte de ce qui précède et de l'environnement dans lequel le sujet se trouve. Chaque comportement est soumis à une charge émotionnelle et peut être en même temps porteur d'une autre charge émotionnelle. C'est dans ces conditions souvent que l'on voit un parent qui vient d'avoir très peur car son enfant a failli se faire renverser par une voiture se mettre en colère après lui. C'est alors que la claque retentit… L'enfant pleure car il réalise à la réaction du parent le danger qu'il a encouru !

Bien comprendre cet engrenage émotionnel est essentiel pour saisir ce qu'il met en jeu, à savoir le maintien de notre confort psychique. C'est le premier pas vers la CVE. Puisque le déclenchement des émotions est soudain, parfois violent ou au contraire complètement réprimé et effectué en mode quasi automatique, le seul moment où nous pouvons intervenir, c'est ultérieurement. L'expression « gérer ses émotions » ne signifie finalement rien d'autre que le passage de cette période où l'engrenage est lancé et où, parfois en victime, agresseur ou simple spectateur, nous assistons au spectacle de notre « gestion » ou « non-gestion émotionnelle ».

Prenons la métaphore du cirque… Vos émotions, c'est le lion en cage. Vous êtes le dompteur. Cependant, soit nous laissons le lion dans sa cage et le toisons de loin, soit nous faisons rentrer le lion dans l'arène alors que nous ne savons même pas comment il va réagir à notre posture et nos tentatives de domptage…

Quand je dis que nous sommes des bricoleurs de nos émotions c'est bien pour exprimer cette idée que nous tentons parfois de dompter le lion soit avec des fleurs, soit avec un bazooka ! Ce n'est pas gagné…

Pourtant, qui peut se vanter de trouver cette tentative de domptage que j'appellerai « régulation » facile ? Il faut mettre en place des stratégies régulatrices pour freiner l'emballement de cet engrenage émotionnel. Que penser, par exemple, que moins une personne est joyeuse, moins elle est heureuse et que moins elle est heureuse, plus elle est triste et plus elle est triste, moins elle est joyeuse, etc.

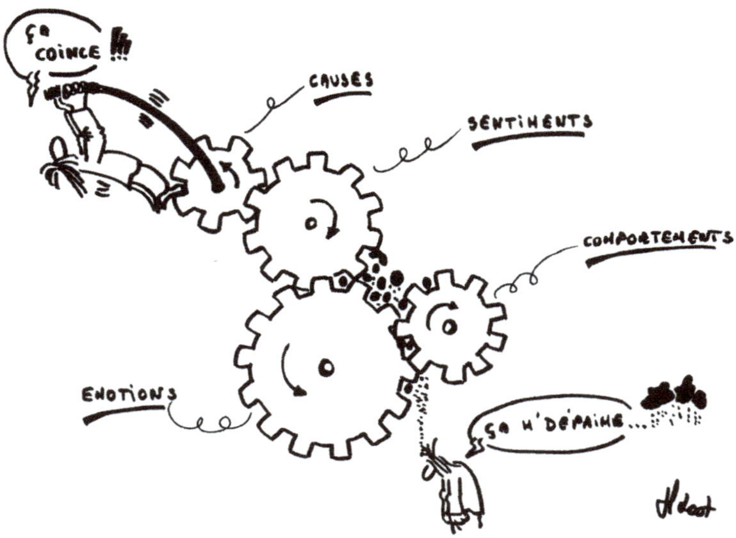

À ÉMOTIONS PLURIELLES, RÉPONSES PLURIELLES

En raison de leur importance dans l'expression de notre bien-être et de nos capacités de résilience, les émotions suscitent bien des réflexions et des tentatives de solutions, voire de « recettes » pour les vivre pleinement, les supporter, les contrôler tant bien que mal ou encore, les utiliser à notre avantage. Voici le reflet des principales…

Les thérapies cognitivo-comportementales (TCC)

Appelées parfois thérapies aversives, elles proposent au patient de se confronter progressivement à ses émotions pour qu'il prenne conscience qu'il peut tenir le choc. Par exemple, une personne qui a peur de prendre le métro va être invitée, graduellement, à user de ce moyen de transport de plus en plus souvent et pour un nombre croissant de stations. À l'extrême, pourquoi ne pas s'enfermer dans une pièce remplie de serpents pour lutter contre sa propre phobie de ces animaux légendairement effrayants...

Les techniques cognitives

Aussi appelées *théories de l'appraisal*, elles considèrent l'émotion comme le fruit des évaluations que l'individu fait au sujet de l'événement, qu'il soit externe ou interne, ou de la situation, qui initie l'émotion. C'est un jugement intellectuel. Cette approche suppose que, pour comprendre les émotions, il est tout d'abord nécessaire de comprendre les évaluations que fait l'individu au sujet des événements de son environnement. Il s'agit d'aider les patients à prendre du recul face au processus émotionnel qui va démarrer et face aux pensées que ces événements vont susciter... .

Les psychologies humanistes

Le courant des psychologies humanistes intègre largement les principes de la philosophie bouddhiste. Plutôt que de refuser l'expérience émotionnelle (chercher à chasser la tristesse, nier la frustration...), les thérapeutes encouragent le patient à l'accepter pleinement sans jugement.

Les stratégies spontanées

Des stratégies plus spontanées prêchent en faveur d'un règlement immédiat de la situation. Il faut exprimer sur le champ ce que l'on ressent pour éviter les débordements ! On retrouve dans ce courant de pensées les adeptes du cri primal, par exemple.

L'élimination des pensées intrusives

D'autres personnes vont conseiller, pour éliminer les pensées intrusives, de les écarter. Un peu la bonne vieille méthode Coué. Or, cette astuce est souvent vouée à l'échec. Plus on cherche à éloigner le malaise, plus il est présent en nous. On observe même une sorte de retour de flamme dans le sens où si finalement, cette pensée parasite finit par se faire plus discrète, quand elle reviendra – car elle reviendra –, elle ne sera que plus vigoureuse. C'est ce que les psychanalystes intitulent « le retour du refoulé ».

L'Analyse Transactionnelle

Dans les années 1950, Eric Berne, psychiatre et psychanalyste, veut trouver un moyen de réduire la durée des thérapies et les rendre plus accessibles à la population. Il crée l'Analyse Transactionnelle (AT) aujourd'hui encore très utilisée par les professionnels de la relation d'aide et de l'accompagnement au changement. Le principe de base est le suivant : en chacun de nous cohabitent trois états du « moi » :

- Le *Parent* qui s'est constitué dans l'enfance et reprend les sentiments, idées, comportements du modèle parental et de l'entourage.
- *L'Adulte* qui est dans l'ici et maintenant. C'est la partie de nous qui observe, comprend, agit décide, analyse...
- *L'Enfant* est vraiment le siège de toute l'affectivité, les besoins, les sensations et les émotions développés depuis l'enfance.

À partir de là, chaque individu se construit un « scénario de vie » avant l'âge de six ans. Quand surgit un problème à l'âge adulte, il faut revenir aux émotions de l'enfance pour changer de regard et donc, trouver un comportement plus adapté à notre personnalité et notre environnement.

La Gestalt

Celles et ceux qui sont plus intéressés par l'approche thérapeutique que propose la Gestalt (dans les années 1950, sous l'impulsion de Fritz Perls, psychiatre et psychanalyste allemand) vont s'appuyer sur les émotions pour comprendre la mise en relation avec autrui et son lot de résistances ou de perturbations. Ils sont centrés sur l'expérience du « ici et maintenant ».

Les émotions sont comprises comme des outils pour s'adapter en permanence à son environnement au même titre que le langage du corps, la parole, la créativité, etc. Il s'agit de prendre conscience de son ressenti émotionnel pour éclairer la compréhension que l'on se fait d'une situation conflictuelle ou non entre des personnes. Pour ce faire, la Gestalt considère cinq dimensions chez l'individu. On les retrouve dans un diagramme appelé le Pentagramme de Ginger : dimension somatique (le corps), dimension rationnelle (la tête), dimension sociale (les autres, la culture, la société), dimension spirituelle (la métaphysique, l'homme, le sens de l'existence, l'universel) et enfin, la dimension affective (le cœur) où siègent et interagissent les émotions.

La Communication non-violente

Si la Gestalt est une thérapie, la Communication non-violente (CNV) est plutôt une méthode, mise au point par un psychologue clinicien américain, Marshall Rosenberg, dans les années 1970. L'idée est qu'en communiquant, nous avons tendance à tomber dans l'un de ces six penchants souvent regrettables :

- Étiquette : nous classons une personne dans une catégorie.
- Dénigrement : nous nions les qualités de l'autre ou la réalité en attribuant les causes de nos contrariétés à l'environnement ou au contexte.
- Reproche, ou pire, insulte : nous attribuons à autrui la responsabilité de notre agacement, colère, frustration…
- Mérite : nous conditionnons une action à sa récompense ou inversement à sa punition future.
- Comparaison : nous nous évaluons par rapport à l'autre.
- Exigence : nous employons des opérateurs modaux tels que devoir, falloir… ; ou nous utilisons un « tu » accusateur ou menaçant.

La CNV propose alors de reprendre la responsabilité de nos actes, de nos pensées et de nos émotions, pour éviter de tomber dans ces travers. Il s'agit de se questionner dans son for intérieur sur son état émotionnel pour identifier les sentiments qu'éveille la situation (en les différenciant de nos interprétations et de nos jugements).

Dans la pratique de la CNV, il est essentiel d'exprimer l'état dans lequel nous nous sentons car les émotions fournissent à notre interlocuteur ou au groupe auquel nous nous adressons des indices importants sur notre bien-être. Et comme ces émotions donnent naissance à des besoins, mieux vaut les percevoir correctement puisqu'ils seront à l'origine de décisions et d'actions. Afin d'éviter les conflits, mieux on comprendra l'origine de l'action proposée, mieux on pourra prendre position en y adhérant ou en proposant d'autres options.

L'école de Palo Alto

L'approche systémique à partir de la fin des années 1950 est portée par l'École de Palo Alto et des figures comme Gregory Bateson ou Paul Watzlawick. Elle repose d'abord sur une observation : on ne peut pas ne pas communiquer. Or, cette communication est composée de deux éléments : d'une part le propos dont il est question et d'autre part, la qualité de la relation entre les interlocuteurs.

À partir de cette conviction, la systémie propose de s'intéresser surtout à l'interaction entre les individus plutôt qu'au problème en tant que tel.

En introduisant du changement, même minime, dans la relation en question, toutes les parties prenantes vont changer.

Cela se manifestera notamment par un nouveau sens donné à notre comportement, mais aussi à nos émotions.

Il s'agit aussi de faire le rapprochement entre les émotions et les autres données qui entrent en jeu dans la relation dont les sentiments, les idées, les pensées et les intentions des autres (familles, collègues...).

La Programmation Neuro-Linguistique

Nous évoquions les travaux de Gregory Bateson à l'instant, voici dans le prolongement ceux de Bandler et Grinder qui ont vécu chez lui au début des années 1970. Ils sont à l'origine de la Programmation Neuro-Linguistique (PNL).

Cette approche basée sur la cybernétique, la linguistique et la psychologie cherche à comprendre comment on fait ce que l'on fait, plutôt que pourquoi on le fait et pas toujours bien ! Dans cet esprit et pour maximiser notre potentiel, les émotions sont comprises comme un facteur de changement. Elles sont des « états internes » (comme disent les spécialistes de la PNL) qui nous marquent au niveau psychique à la suite d'événements importants ou en raison de nos croyances. Il s'agit donc, pour la PNL, de travailler sur ces croyances pour canaliser les émotions afin qu'elles participent de la réussite de la personne.

Les pratiques narratives

Ce survol des approches thérapeutiques ne serait pas complet sans un détour du côté des pratiques narratives. Basées sur les travaux de Michael White et du Dulwich-Center d'Adélaïde (Australie), elles sont en plein développement depuis une vingtaine d'années. Cette démarche a pour pivot la question du sens et en particulier, celui que chaque individu donne à la construction de son identité. Des éléments de l'histoire familiale, sociale et culturelle de chacun se retrouvent dans une démarche individuelle autant que dans une dynamique collective, au sein des entreprises.

Voilà déjà une première différence entre CVE et approche narrative. Quand la première a pour objet l'émotion et son travail sur les comportements, la seconde a, pour raison d'être, le sens, à partir de récits d'expériences dont on postule qu'ils sont révélateurs des valeurs et des croyances de l'individu. En coaching narratif, l'émotion est présente et même omniprésente, mais l'attention du coach porte sur la signification que le client lui donne, sans chercher la cause de l'émotion puisque, pour cette approche, l'émotion est supposée se dissoudre en même temps que le « problème » dans la renégociation du sens.

L'approche narrative explore le rapport que crée l'individu entre qui il est et ce qu'il fait. Les émotions sont prises en compte au regard du contexte de ce que la personne vit et non comme une donnée intrinsèque à son identité. Elles ne sont pas, comme dans la CVE, considérées comme une « chaîne », un processus à partir duquel on peut agir et développer une stratégie pour retrouver un état de bien-être psychique et relationnel.

La psychanalyse

Je gardais la psychanalyse pour la fin car nous allons la retrouver en détail dans les pages qui suivent. En effet, elle est l'un des piliers fondateurs de la CVE.

Les solutions proposées pour éliminer les grains de sable de notre rouage émotionnel sont donc très variées. Pour ma part, je pense que, pour bien fonctionner, notre engrenage doit s'alimenter à trois sources :

- notre identité, les valeurs qui nous constituent ;
- notre évaluation des besoins qui alimentent nos réactions ;
- notre capacité à y répondre en fonction de nos ressources.

Et maintenant, ceci posé, découvrons ensemble la Chaîne de Valeur Émotionnelle, ses fondements et ses caractéristiques. Avec comme objectif un plus grand confort émotionnel et relationnel.

3

L'OUTIL DE PILOTAGE : LA CHAÎNE DE VALEUR ÉMOTIONNELLE

NOUS VOULONS TOUS CHANGER au moins quelque chose dans notre vie, un comportement que nous estimons être un défaut, une attitude qui nous pose problème, une croyance qui nous freine. En même temps que cette volonté de changer se manifeste en nous, il arrive aussi que l'on ne veuille pas tout bouleverser. La CVE[1] permet de « changer, tout en restant soi-même ».

Grâce à mon métier, j'observe au quotidien à quel point une personne qui éprouve une émotion ne réagit pas de la même façon qu'une autre qui pourtant éprouve la même émotion. Par exemple, deux personnes confrontées à la peur ne réagiront pas de la même manière. Cela donne lieu une question fondamentale : quel chemin peut donc bien emprunter une émotion pour trouver son accomplissement ? Une certitude guide la réponse : de toute façon, une émotion trouve toujours son terrain d'expression. Ce dernier peut être plus ou moins patent (on dira volontiers que telle amie est extravertie, quand tel collègue est plutôt réservé), mais il existe toujours. Le problème peut survenir quand on se trompe.

Le malaise survient quand une personne engagée dans son engrenage émotionnel croit s'en sortir par une « bonne » réaction alors que celle-ci, inadaptée, ne résout rien durablement, voire produit l'effet inverse à celui attendu.

Je viens de mettre entre guillemets « bonne » car au regard de la CVE, il n'y a pas de « bonne » ni de « mauvaise » réaction. En effet, si j'introduis cette notion de bon ou mauvais, je laisse la porte ouverte à la morale et au jugement de valeur. En matière d'émotions, il n'y a pas de jugement de valeur, il n'y a que du ressenti.

Je voudrais illustrer cet aspect avec l'exemple de différents points de vue sur la question de la sévérité. En effet, si je me mets au plan de la morale, je peux justifier de nombreuses manières le fait que « c'est bien d'être sévère avec ses enfants ». Quelqu'un d'autre peut rétorquer avec force « qu'au contraire ce n'est pas bien d'être sévère ! ». Pour les premiers, la sévérité est un gage de réussite pour plus tard dans la vie de leurs enfants. Grâce à cette sévérité les enfants auront acquis le sens des valeurs, sauront que seul l'effort produit des résultats, etc. Les seconds diront qu'il n'y a pas besoin d'être sévère, que la sévérité brime le libre arbitre, qu'elle étouffe la spontanéité et

1. Chaîne de Valeur Émotionnelle est un nom déposé.

réduit l'autonomie de l'enfant. Que finalement ce n'est pas aider nos enfants… Qui a raison ? Si ces deux personnes discutent ensemble, il y a fort à parier que la discussion tourne court ou que chacun pense de l'autre des choses pas très belles… En fait la question du bon et du mauvais renvoie chacun d'entre nous à nos croyances, parfois intimes. Si nous les avons, nos croyances, c'est que nous les jugeons plutôt bonnes dans l'ensemble, sinon nous nous efforcerions d'en changer ! Or, il y a peut-être autant de croyances que de points de vue.

À l'aide de la CVE, la question n'est pas « ai-je raison ou tort de réagir ainsi ? », c'est « en quoi ma réaction est utile, pour moi, l'autre et mon environnement ? ». Ainsi, en se posant cette question sur la sévérité, deux parents pourront échanger leurs points de vue et pourront plus facilement accepter celui de l'autre car la question de l'utilité ne remet en rien en question nos propres croyances.

C'est là que la CVE entre en scène…

LES ORIGINES DU MODÈLE

C'est ma pratique professionnelle en tant que coach et mon expérience dans le monde de l'entreprise qui m'a conduit à affiner ce modèle petit à petit jusqu'à la forme que je vous présente et que je mets en œuvre continuellement avec mes clients. Bien entendu, ce volet plus pragmatique s'appuie sur ma formation et les modèles théoriques auxquels je me réfère.

Ce que m'inspire mon expérience professionnelle

Tourbillon émotionnel : voilà sans doute l'expression qui caractérise le mieux les salariés dans les entreprises. Et qu'entraîne ce tourbillon ? Différents comportements désordonnés le plus souvent et qui traduisent l'enchevêtrement confus de sentiments.

Un poste supprimé, l'exigence de se repositionner dans l'entreprise après une Nième réorganisation dont personne n'a eu le temps de faire le tour que déjà, elle est caduque, l'arrivée d'un nouveau N+1 dont on attend d'observer les premiers soubresauts managériaux, autant d'exemples de ce qui peut provoquer un débordement émotif et, avec lui, le risque de comportements qui peuvent coûter cher !

Avant d'être coach et d'avoir conçu la CVE, j'aurais conseillé un dialogue classique avec des arguments rationnels justifiant les décisions. J'aurais intellectualisé le tout, et fini par imposer la solution retenue. Problème ? Cette manière d'agir entretient ce climat de souffrance ou d'inconfort *a minima* des cadres en entreprise. Le bien-être au travail fait l'objet d'un nombre croissant de colloques, de recherches, de publications. Il faut donc trouver autre chose même si, nous l'avons dit, personne n'est employé dans une entreprise aux seules fins de s'y faire un réseau d'amis !

J'ai compris qu'il fallait travailler au niveau des émotions lorsque j'ai su apprécier que c'étaient elles qui faisaient barrage. Les faire entrer dans le milieu professionnel par la grande porte ! Cependant, pour structurer cette piste de réflexion et sa mise en œuvre, il me fallait modéliser une démarche. Ainsi est née la CVE.

Ce que m'inspire la psychanalyse

Les psychanalystes préfèrent le mot « affect » au mot « émotion ». « Affect » renvoie aussi bien à des dimensions qualitatives que quantitatives de l'émotion et paraît donc, plus complet. Il fait référence aussi bien à la qualité d'énergie que la personne mobilise quand une émotion survient qu'à la quantité de l'effet produit. Freud avait établi une classification des névroses selon la façon dont le sujet se comporte au regard de ses affects. En résumé, trois cas de figure sont envisageables selon lui :

- Soit le sujet convertit lesdits affects. La « conversion » des affects implique l'émergence du ressenti de façon consciente. La personne ressent et reconnaît ses émotions et peut faire le lien entre une cause et une réaction émotionnelle.
- Soit il déplace le problème et cela tourne à l'obsession. Le « déplacement » de l'affect est autorisé grâce à un mécanisme appelé symbolisation. La symbolisation permet un

investissement symbolique ce qui donne un sens différent à nos affects et permet « d'habiller » de façon acceptable une charge émotionnelle. C'est ainsi que se produisent des comportements de type compulsifs comme le besoin de se laver les mains plusieurs fois par jour, de vérifier si le robinet est toujours bien fermé, etc.).

- Soit enfin, il transforme l'affect en un état comme l'angoisse ou la mélancolie. Lorsque la charge émotionnelle est trop forte, elle oblige la personne à s'en protéger de façon massive. Cependant dans aucun de ces deux cas, l'objet cause de l'affect ne peut être identifié. On ne sait alors pas ce qui nous met dans cet état d'angoisse ou de mélancolie. Les affects agissent ici au cœur de l'inconscient.

La CVE a trouvé une de ses sources d'inspiration dans les liens qui peuvent exister entre pulsions, affects et émotions. En effet, au même titre que les psychanalystes parlent d'intrication ou de désintrication pulsionnelle, on peut parler d'intrication émotionnelle lorsque la peur et la colère par exemple cohabitent. Je vous rappelle l'exemple de ce parent qui se met en colère car il a eu très peur pour son enfant, ou celui qui se retient de donner son point de vue car il a peur de se mettre en colère…

La pulsion peut être considérée comme le creuset de nos affects et la source de nos émotions. J'utilise souvent une métaphore géologique pour en expliquer les mécanismes. Le noyau pulsionnel représente le magma de notre bonne vieille Terre, les volcans en éruption pouvant constituer la colère de notre planète. Le sous-sol et les caractéristiques du terrain en termes de ressources (eau, gaz, pétrole) représentent nos ressources acquises grâce aux mécanismes efficaces de conversion des affects et la surface du sol peut se comparer à l'expression émotionnelle. La colère : les éruptions volcaniques ; la peur : les failles souterraines ; la tristesse : le désert aride… ; la joie pouvant alors s'assimiler à une nature luxuriante…

Par ailleurs, les mécanismes de défense classiquement référencés dans le modèle psychanalytique jouent un rôle déterminant dans les manœuvres de cohabitation que nous réalisons avec nos émotions. Qu'il s'agisse de déni, de refoulement, de clivage, ou même de forclusion, ces mécanismes opèrent en lien avec notre capacité de gérer la charge émotionnelle de certains événements.

Ce que m'inspire le Rorschach

Qu'est-ce que ce mot bizarre, le « Rorschach » ? C'est le nom d'un test dont le concepteur fut un psychiatre et psychanalyste suisse, Herman Rorschach. Nous sommes en 1921 et il met au point une série de tâches symétriques réparties sur dix planches qui sont proposées à la libre interprétation du sujet dont les réponses fourniront matière à l'étude de sa personnalité. Le grand avantage de ce test, c'est qu'il ne permet pas à la personne qui le passe de tenter de « tricher » en répondant.

Comme ce n'est ni un questionnaire, ni un test d'aptitudes, le répondant doit faire appel surtout à l'interprétation et produit ses propres interprétations selon un mécanisme dit de « projection ». C'est-à-dire que la personne en regardant la tâche projette sur celle-ci, qui ne représente absolument rien, a priori ses propres représentations, celles en fait dont il est l'auteur. C'est à ce titre que ce test est appelé test projectif. Combien d'enfants et d'adultes ne se sont pas essayés à voir dans la forme d'un nuage l'expression de tel ou tel animal ou autre figure ? Il s'agit ici du même processus mis en jeu, sauf que les planches ont été sélectionnées pour leur pouvoir expressif et la capacité qu'elles offrent à toute personne d'y voir quelque chose, d'y trouver un sens ou de lutter contre un sens qui voudrait s'imposer à elle…

La force du Rorschach réside dans le fait qu'il fait notamment émerger toutes sortes de représentations porteuses de contenus appelés « indices d'angoisse » (sang, anatomie, sexe et détail humain ; bras, jambe, nez... vu seul) et « déterminants Couleur et/ou Kinesthésiques » (qui déterminent la réponse du sujet).

Les déterminants utilisés sont la forme, la couleur, l'estompement ; les nuances qui peuvent faire penser à des nuages ou des vagues par exemple, et les kinesthésies. Le terme de kinesthésie recouvre les réponses où le sujet a vu un mouvement, qui peut être sous-tendu par une forme « ici je vois un homme qui danse », ou bien perçu vaguement et de manière abstraite « ça tourbillonne ». On distingue les kinesthésies humaines (où le mouvement appartient à un sujet humain) et les kinesthésies mineures (animales ou abstraites). C'est en pratiquant, au début de ma carrière, le Rorschach auprès de plusieurs centaines de personnes que j'ai pu constater à quel point les pulsions et leur cortège émotionnel sont au cœur des problématiques relationnelles tant dans la sphère privée que professionnelle.

Ce que m'inspirent les travaux d'Élisabeth Kübler-Ross

Changement de poste, de société, arrêt d'un projet, changement d'équipe, perte d'un chef, d'un client, mutation, déménagement, projets refusés par la hiérarchie, restructuration, fusions..., les deuils symboliques (au sens où l'on ne parle pas du décès d'une personne) sont légions au cours de la vie du salarié. Or, tout changement, tout projet d'entreprise, toute pratique professionnelle va de pair avec la notion de deuil. Celle-ci comporte, à son tour, sa part d'anxiété, d'inquiétudes voire d'angoisses face au vide laissé par la perte.

Pour recouvrer un confort psychologique et émotionnel, le travail de deuil consiste notamment à accepter ses émotions pour élaborer un nouveau projet de vie. En tant que coach ou comme simple collègue de travail ou à titre de supérieur hiérarchique, il est utile d'accueillir les émotions qui affleurent (ou qui explosent !) dans leur diversité, leur intensité. Si la psychanalyse posait le deuil comme une occasion d'un renouveau psychique du sujet, ce sont surtout les travaux d'Élisabeth Kübler-Ross (voir la sitographie à la fin de cet ouvrage) qui font référence en la matière. Sa bibliographie est abondante, ses livres traduits dans des dizaines de langues, aussi nous en tiendrons-nous ici à mentionner son best-seller, *Les derniers instants de la vie*[1].

1. Kübler-Ross, E., *Les derniers instants de la vie*, Genève, Labor et Fides, 1989.

Cette grande dame, psychiatre et thanatologue suisse, représente sans doute ma plus proche inspiratrice pour la raison suivante : le deuil est un mécanisme (pardon pour l'analogie qui pourrait surprendre, mais telle est bien la réalité) de transmission conditionné par le passage d'étapes successives dont certaines sont des émotions comme la colère et la tristesse.

Attardons-nous quelques minutes sur les grandes bases du modèle d'Élisabeth Kübler-Ross. Elle distingue cinq étapes successives incontournables du deuil, parfois avec des allers-retours ou des chevauchements.

Le déni. Position saine pour aborder une situation inconfortable, douloureuse. Dans l'entourage, il faut respecter ce désir de nier la perte subie par la personne prise dans le processus de deuil. Ensuite seulement, le coach ou le consultant ou le manager dont le salarié est dans le déni aura à cœur d'aider cette personne à clarifier le réel. Combien de fois n'ai-je pas entendu, à la suite d'une mesure de réorganisation impliquant des mutations géographiques, les salariés s'exprimer ainsi : « C'est pas possible, ils ne peuvent pas la faire cette restructuration ! Ça a marché pendant des années, pourquoi maintenant, là subitement ? Ils vont se rendre compte qu'ils font une erreur et revenir en arrière… ».

La colère. On retrouve là une des émotions authentiques que la CVE reprend d'ailleurs à son compte. À cette étape, il faut comprendre l'individu et non le juger. L'objectif est d'aider la personne à exprimer ses griefs au regard de ce qu'elle croit être la vérité, sa vérité. « Pendant des années, j'ai tout fait dans cette entreprise, et là, on me licencie et on me jette comme une vieille chaussette ? Je ne suis pas un objet dont on se sépare selon le bon vouloir d'actionnaires qui ne souhaitent qu'une chose, s'en foutre plein les poches… Et moi alors, j'ai ma dignité ! ».

Le marchandage. Après avoir nié, puis s'être mis en colère, la personne se dit que les choses pourraient changer si elle négociait. Cette phase peut être longue. L'encadrement RH ou le N+1 doit se montrer patient ! « Ok, alors vous pensez pouvoir vous en tirer comme ça ?!? Je vais vous le faire payer d'une manière ou d'une autre. Je pense qu'un outplacement est de toute façon inclus dans la transaction. Je vais devoir déménager et ça, les frais que mon licenciement impose c'est à votre charge ! Sinon, de toute façon, je vous attaque… ».

La tristesse. Encore une émotion reprise dans la CVE et qui suggère, dans le modèle d'Élizabeth Kübler-Ross, de consoler l'individu. En effet, lorsque qu'il ne peut plus nier le changement, que la colère et le marchandage n'ont pas abouti, il est désorienté. Il est triste de ce qu'il a perdu. S'il peut exprimer sa tristesse il trouvera plus facilement le chemin de l'acceptation : « Je le savais au fond ! Ça devait arriver un jour. Rien n'est vraiment durable… Si ça se trouve, je l'ai même un peu cherché ! Si j'avais été plus performant on n'en serait pas arrivé là… C'est triste tout de même. ».

L'acceptation. Si l'individu dispose d'un temps suffisant et s'il a été accompagné à travers les étapes précédentes, il cessera d'être triste ou en colère. Ce n'est pas une « démission ». Il accède à l'acceptation. Dans un accompagnement RH, il faudra s'attacher à aider la personne à prendre soin d'elle, de son désir, de son état intérieur. Cette étape est également difficile, car j'ai constaté qu'elle laisse la porte ouverte aux doutes concernant l'avenir : « Mais demain, qu'est-ce que je vais devenir ? Quel autre travail serai-je capable d'effectuer, où, à quel niveau de salaire ? ».

La peur prend sa place et occupe le terrain tant qu'un projet professionnel abouti, solide et pérenne ne s'est pas constitué. L'action devient alors le moteur essentiel du retour à l'emploi, de la prise de possession de son devenir professionnel.

L'être humain est complexe et imprévisible. Aussi tout changement auquel il peut donner du sens lui permet de mieux assumer cette complexité et de franchir ces cinq étapes du deuil avec une plus grande aisance. Favoriser ce travail permet à la personne de retrouver du plaisir, donc de la motivation puisque, comme l'écrit si bien Pierre Blanc-Sahnoun : « Le but de nos comportements est d'une simplicité absolue, nous la partageons d'ailleurs avec l'ensemble de nos frères animaux : Éviter la souffrance (ou le danger considéré comme une probabilité élevée de souffrance) ; rechercher le plaisir (chacun d'entre nous proposant sa propre définition y compris les masochistes pour qui le plaisir réside... dans la souffrance)[1] ».

Une fois le cycle traversé, l'individu expérimente une *Remontée* en quatre étapes : acceptation, pardon, cadeau caché, sérénité. En conclusion, comme le déclarait elle-même Élisabeth Kübler-Ross, la mort est la dernière étape de la croissance. Nous pourrions, par extension, conclure que c'est aussi une étape de croissance pour les personnes dans le deuil.

C'est en travaillant à l'aide du modèle d'Élisabeth Kübler-Ross sur les mécanismes du deuil que j'ai pu construire le modèle de la CVE.

J'ai été souvent surpris par les fortes résistances exprimées par des personnes en situation de repositionnement professionnelle et ce pour des raisons qui leur étaient extérieures et non voulues.

Les premières personnes à m'inciter à leur parler des mécanismes du deuil étaient des salariés d'un constructeur automobile qui voyaient leur poste supprimé pour la simple et « bonne » raison que l'entreprise avait décidé de se recentrer sur son métier de base et de laisser à des sous-traitants le soin de prendre en charge les métiers périphériques. À une époque très reculée, début des années 1960, cette entreprise avait intégré un grand nombre de fonctions non liées à son métier de constructeur : cantine, nettoyage, transports scolaires, garde d'enfants, soins de santé, etc. Peu à peu, au rythme des croissances et décroissances de l'entreprise, ces métiers avaient disparu de l'usine.

Afin de préserver un personnel peu qualifié et peu apte à la mobilité professionnelle, certaines unités se sont peu à peu créées pour occuper ces personnes à des missions périphériques. Mais toutes les bonnes traditions sociales se perdant et l'entreprise ne souhaitant pas faire appel au licenciement « sec », elle nous (Excelia) a demandé de l'aider dans la mise en

1. Blanc-Sahnoun, P., *op.cit.*

œuvre de programmes de réorientation de carrière afin de trouver de nouvelles solutions de mobilité interne.

Ce qui fut frappant, c'est la manière avec laquelle nous étions accueillis par les salariés concernés. À la fois là pour les aider, nous étions également une menace en tant que « partenaire choisi par la Direction ». À ce titre, nous étions déjà suspects…

Premier enjeu, nous devions être capables de nous montrer dignes de confiance. Second enjeu et de loin le plus important, nous devions parvenir à les aider à se projeter dans un nouveau métier, alors que, depuis 30 ans, l'entreprise ne leur avait rien demandé ! Imaginez leur degré d'incompréhension face à cette situation.

Le seul axe de dialogue constructif qu'il a été possible de tisser fut de parler d'eux avec eux, de ce qu'ils ressentaient dans cette situation de mutation professionnelle. Élisabeth Kübler-Ross m'est venue en aide de façon précieuse et m'a permis d'échafauder, avec ces personnes que j'accompagnais, les bases du modèle de la CVE.

L'ORIGINALITÉ DU MODÈLE CVE

L'intérêt de la CVE est de permettre la navigation entre les sentiments, de les affiner en ce qu'ils drainent avec eux de ressentiments, de ressentis et de sensations.

Pour illustrer ces nuances, prenons l'exemple de la chaleur : le chaud est la sensation, le ressenti est que c'est agréable (ou pas, selon le contexte) et le ressentiment est la critique ou l'autocritique auquel le fait d'avoir chaud va donner lieu.

Quand on passe du réflexe à la réflexion, on passe de l'émotion au sentiment et du sentiment à l'action.

Après les origines, voyons l'originalité de la CVE. Cinq caractéristiques principales la définissent.

Elle touche au comportement et non directement à la personnalité

La CVE s'intéresse essentiellement à ce qui se joue entre soi et les autres. Elle vise les comportements qui peuvent évoluer et non pas au changement radical de votre personnalité. D'ailleurs, pourquoi le faire ? Chacun a une identité singulière faite des traces de son passé, heureuses ou plus douloureuses, de ses croyances, de ses représentations du monde. Pourquoi vouloir tout bouleverser quand il suffit de toucher à certains comportements pour atteindre une meilleure qualité de vie relationnelle ? Qui ne se sent pas démuni face à telle situation à forte charge émotionnelle et ne se trouve pas « bête » de ne pas réagir ou de le faire de façon disproportionnée ou incompréhensible aux yeux des autres ?

Le modèle avec lequel vous commencez à vous familiariser en amorçant cette lecture écarte toute idée de jugement. On peut avoir des perceptions, oui, mais des jugements, à quoi bon ? En quoi est-ce utile ici ? Illustration : une personne est très colérique. À quoi va servir de lui dire que ce n'est pas bien, qu'elle ne devrait pas, qu'à son âge on devrait se maîtriser, etc. ? À rien, si ce n'est à l'irriter davantage. À quoi bon l'inciter à arrêter ces accès de colère, à l'aide de précieuses leçons de morale : « un jour, quand tu auras mon expérience, tu comprendras que ces comportements sont le reflet d'un infantilisme certain… », voire à lui glisser dans les mains un manuel sur l'art de devenir calme en 10 leçons !

L'expérience montre qu'il y a d'autres voies très efficaces et qu'il est plus utile de procéder différemment : dire à la personne en question que l'on reconnaît bien ce qu'elle ressent, d'ailleurs on voit bien qu'elle est en colère. Puis partir de ce constat pour amorcer la discussion. Prenons un exemple.

> Pierrot est en rage, il vient de recevoir de son oncle un revolver dont il rêve depuis longtemps. Cet objet, il avait fallu pour Pierrot faire preuve de grande persévérance pour l'obtenir. Or le cousin de Pierrot est envieux et veut aussi jouer avec le nouveau jouet de son cousin. Pierrot s'y oppose. A 5 ans, il est rare de voir un enfant prêter sans sourciller ses

jouets, surtout si ce jouet est tout neuf et précieux pour lui. A force d'insistance ses parents le convainquent de le prêter et drame absolu, le cousin le casse. Pierrot en rage, se jette sur son cousin et tente de le frapper. Les parents interviennent et séparent les enfants. Pierrot est envoyé dans sa chambre pour purger sa punition : « tu ne dois pas frapper un enfant surtout lorsqu'il est plus petit que toi ! ».

Pierrot fulmine, se réfugie seul dans le coin favori de sa chambre (derrière la porte) et jure qu'on ne l'y reprendra plus à prêter ses jouets…

De ce comportement, il peut être tentant d'en déduire pour l'oncle que son neveu est d'un tempérament violent.

Si ce genre d'histoire se reproduit avec Pierrot, le discours familial pourra facilement prendre une coloration du type : « Pierrot, il n'est pas prêteur et en plus il est colérique… ».

Comme dirait Pierre Blanc-Sahnoun formé par Michael White à l'approche narrative : « C'est le début d'une histoire dominante… ».

Pour revenir à Pierrot, il a le sentiment de vivre une double injustice. Un, il se fait casser son nouveau jouet et deux, il est puni et doit aller ruminer sa colère dans sa chambre… C'est pour lui, à ce moment-là, une profonde injustice.

Comment en aurait-il pu en être autrement ?

Arrêtons l'histoire au moment où Pierrot se jette sur son cousin. L'un des adultes peut à cet instant interrompre la bagarre et dire à Pierrot : « Pierrot, je comprends que tu sois très contrarié. Ton cousin ne l'a sûrement pas fait exprès de te l'abîmer et il est certainement désolé de ce qui arrive. Hein Thomas ? » qui opine du chef, « tu sais ce que je te propose ? Je vais te le réparer et si ce n'est pas possible je te promets de te le remplacer très vite, tu es d'accord ? En tout cas, sache que je suis très content que tu aies prêté un jouet auquel tu tiens, ça m'a fait très plaisir. Allez venez on va le réparer ensemble ».

Nous verrons comment cela peut se passer entre adultes…

Elle est simple à expérimenter

L'exemple qui précède nous conduit à une autre caractéristique de la CVE : elle est simple à expérimenter tous les jours. Les émotions entretiennent un rapport étroit avec notre regard sur le monde. À partir d'elles, nous donnons un sens à ce que nous vivons, nous lisons l'actualité à notre façon et nous comprenons aussi les réactions des autres à l'aune de nos émotions. Donc, en comprenant mieux les mécanismes que les émotions déclenchent en nous et chez les autres, on regarde autrement ce qui se passe autour de nous. Dans le cas où nous décidons de ne pas abonder dans le sens de ce qui nous est plus ou moins inconsciemment demandé, nous savons aussi, toujours par la lecture éclairée de nos émotions, comment procéder pour refuser ou dire non sans effets secondaires négatifs ou irréversibles.

La CVE, on l'aura compris, est donc un formidable outil de connaissance de soi. Faites connaissance avec votre émotion dominante (voir le test page 147) et, à partir des commentaires, vous pourrez vous adapter aux autres utilement et mieux les comprendre aussi.

Exemple : vous avez décelé que votre fils de treize ans est plutôt à dominante colérique. Vous, vous êtes plutôt à dominante peur. Quand vous demandez au petit Romain, appelons-le Romain, de descendre la poubelle le matin en partant au collège, il refuse, trouvant cela injuste. Cela le met dans des états de révolte contre l'autorité qui vous sont incompréhensibles et votre autorité maternelle n'y change rien. Cette situation devient même lassante et vous êtes tentée de baisser les bras de peur de rentrer dans des considérations que vous imaginez finalement vouées à l'échec. De fait, c'est vous qui vous « coltinez » cette contrainte en vous disant qu'à son âge c'est normal, que d'ailleurs vous-même à son âge vous étiez pareil, à moins qu'à l'inverse vous philosophiez sur le thème de l'enfance qui n'est plus la même que celle de votre temps, etc.

Avec la CVE, vous pouvez procédez comme suit : « Romain, je sais que ce n'est pas agréable de prendre la poubelle avec toi. Ça me rend service et ça me fait plaisir si tu le fais de temps en temps et j'ai besoin de ton aide. Je t'en remercie ». À moins d'être chroniquement mal luné, Romain le fera après un « Ok m'man » teinté d'un sourire en coin.

Elle donne des résultats immédiats

Le dialogue que vous venez de lire et le résultat qui, fort probablement, s'avérera satisfaisant nous conduit à identifier une troisième caractéristique de la CVE : elle donne des résultats immédiats.

Les émotions demeurent, voire s'imposent, au cœur de notre vie, à chaque instant. Pas une journée sans elles. Essayez et vous verrez, c'est impossible ! Dès lors que l'on se rend compte de cette omniprésence et de la puissance que ces émotions déploient en nous et chez les autres, on est attentif. Attentif à ce qui se passe, attentif à identifier les comportements de nos interlocuteurs, attentif à décoder les transports qui nous agitent aussi, dans notre for intérieur.

Aussitôt, on teste des attitudes nouvelles, on expérimente, on observe et on ajuste. Pas besoin de longs et fastidieux séminaires (onéreux aussi !) pour parler la langue des émotions. Il suffit de se lancer ! C'est plus facile qu'on veut bien le croire, simplement notre éducation d'adultes a tendance à nous faire élever bien des barrières. Récemment une personne expérimentant la CVE me disait : « au début je me disais que c'était difficile d'oser. Je me suis rendue compte en fait que c'est parce que je n'osais pas que c'était difficile ». Nos émotions, elles agissent comme des filtres que nous aurions sur nos lunettes et qui modifieraient notre appréciation de la situation environnante. Laissez-moi vous raconter une histoire à ce propos.

Fabrice travaille dans une compagnie d'assurance et gère une équipe qui vient d'être renouvelée à 50 %. Il connaît peu certains de ses collaborateurs. Une personne de l'équipe est encore à moitié dans son ancienne activité. Afin d'organiser au mieux la charge de travail de l'équipe, Fabrice demande à cette personne de lui donner son emploi du temps des prochaines semaines et le temps qu'elle consacrera chaque jour à l'un et l'autre service. Corinne réagit très mal à cette demande. Elle s'en tient dans les jours suivants au strict minimum en matière de *reporting* et ne communique que lorsqu'elle ne peut faire autrement.

Fabrice décide le lundi matin suivant, alors qu'il y a réfléchi tout le week-end en le lui gâchant d'ailleurs un peu, d'en parler avec Corinne. Il lui demande alors d'exprimer ce qu'elle a ressenti lorsqu'il a effectué sa demande et elle de lui répondre qu'elle se sentait « fliquée », « qu'on ne lui faisait apparemment pas confiance, alors que son ancien responsable, lui, était très différent… ». Fabrice lui a expliqué les raisons qui l'ont décidé à mettre en place ce type de *reporting* et qu'il était désolé qu'elle l'ait ressenti ainsi. Ensemble, ils ont alors défini de nouvelles modalités de *reporting* acceptables pour chacun d'eux. En 15 minutes, leur conflit larvé s'est transformé en une solide base de coopération !

Elle s'adapte aussi bien à la vie personnelle que professionnelle

À travers les exemples que nous avons présentés jusqu'ici, vous l'avez sans doute déjà compris : la CVE s'adapte aussi bien à votre vie personnelle, dans la famille, votre couple, avec les amis, dans le cercle de vos relations sociales, qu'à votre activité professionnelle. Rien de plus logique puisque nos émotions voyagent avec nous, à moins que ce ne soit l'inverse… ! Il s'agit donc d'accorder aux émotions leur juste valeur pour devenir, comme par magie, disposé à les accueillir au lieu de les rejeter. Le confort intérieur que cela nous procure, inévitablement nous avons envie de le faire connaître aux autres. Accueillir l'émotion de l'autre, c'est lui faire un cadeau autant qu'à nous.

Attention cependant : pas question de tomber dans une empathie mielleuse et, de ce fait, inefficace. Accueillir l'émotion de l'autre ou la sienne signifie l'entendre, être capable de prendre une distance pour ne pas s'y perdre. Être respectueux, trouver la juste distance, aider, mais surtout ne pas entretenir le malaise exprimé par l'autre ou le sien propre. Tout ceci vous semble compliqué et un peu abstrait ? Vous avez raison, je comprends votre point de vue et d'ailleurs si j'étais à votre place… Bon j'arrête, vous allez croire que je me moque de moi-même…

Elle défend la place de l'émotion dans le management

Nous avons souligné la place des émotions dans notre vie, permettez-moi de terminer par une réalité dont la force mérite que l'on s'y attarde avant de poursuivre notre exploration de la CVE : la place des émotions dans le management. Certes, d'aucun se souviendra du livre du psychologue Daniel Goleman, *L'intelligence émotionnelle*[1] ou encore des travaux du neurophysiologique, Antonio Damasio, le père du « QE », Quotient Émotionnel[2].

Toutefois, dans le cadre de missions d'accompagnement (coaching ou outplacement) de salariés cadres et dirigeants, j'ai pu observer que les managers rencontrent, dans l'exercice de leur pouvoir managérial, de nombreuses difficultés. Toutes témoignent de carences au plan du savoir-faire relationnel. Or, les émotions ont leur place et toute leur place dans les échanges professionnels.

Nous avons vu la différence entre émotion et sentiment. Parler d'un sentiment sans l'associer à la bonne émotion risque de conduire à des erreurs de jugement ou d'appréciation d'une situation donnée.

Prenons un exemple : votre travail n'a pas été reconnu par vos confrères. Vous en ressentez de la frustration. C'est le sentiment.

Mais comment déterminer la cause de cette frustration ? Est-elle liée à de la peur (première émotion), de la tristesse (deuxième émotion) ou de la colère (troisième émotion) ?

C'est tout l'intérêt de la CVE qui évite justement de mal arrimer émotion et sentiments.

En résumé la CVE pèse ses mots.

1. Goleman, Daniel, *L'intelligence émotionnelle*, Paris, Robert Laffont, 1999.
2. Damasio, Antonio, *L'Erreur de Descartes*, Paris, Odile Jacob, 2000.

Tableau 3.1 – Définition de la CVE

C	**Chaîne**	L'engrenage émotionnel est une chaîne de valeurs, de sensations, d'images, de ressentis, d'impressions. Et comme toute chaîne, il faut garder à l'esprit qu'elle tient sa solidité de son maillon le plus faible. C'est donc dans notre faiblesse que sera notre force.
V	**Valeur**	La valeur est à la base de notre sécurité intérieure. Elle nous conduit à l'autonomie et à l'affirmation de notre personnalité. Chacun de nous dispose d'une valeur prédominante, ce que notre test aura mis en lumière.
E	**Émotionnelle**	Cet adjectif nous renvoie à l'expérience sensorielle, affective ou intellectuelle que l'émotion nous invite à vivre. Associé au mot « valeur », il prend aussi bien un caractère heureux que négatif. La *valeur émotionnelle* est souvent très éloignée de la réalité objective de ce que nous vivons. Elle tient de l'interprétation. Or, qui dit interprétation dit risque d'erreur de jugement.

Que fait-on quand un état émotionnel nous dérange ? Avec la CVE, on repère à partir d'où il a déclenché en nous un engrenage émotionnel. On sait alors où, avec la CVE, démonter le processus pour ne plus se laisser prendre au piège de réflexes maladroits. Grâce à cette méthode, chacun peut trouver les « bons » comportements. Ceux qui ne sont pas des dérivatifs, ceux qui ne vont pas amplifier le problème, ceux qui ne vont pas nous exploser au visage quelques jours ou même des années plus tard, ceux qui ne seront pas générateurs d'un surcroît de stress, ceux enfin, qui n'engendreront pas de conflits interpersonnels. Mieux connaître la genèse des émotions et des sentiments nous permettra aussi d'éclairer les relations entre les individus et de réagir aux manipulations dont nous pouvons être l'objet.

On me demande souvent : « comment saurai-je que c'est le bon comportement ? » Simplement parce que la chaîne de valeur émotionnelle se déploiera de manière fluide et confortable.

FAIRE DES ÉMOTIONS UNE RESSOURCE

Avec les émotions, tout est bon... Parole de coach ! Même les émotions négatives si l'on sait s'y prendre ! Elles nous éclairent sur nous et sur les comportements appropriés qu'il faut adopter. En nous permettant de nous adapter à notre environnement, elles nous aident à « tenir le coup » dans l'agitation et la tension ambiante. Ne nous évertuons pas à les écarter de notre sillage, de toute façon, elles reviendront et au centuple !

Voyons en quoi les émotions s'avèrent des ressources précieuses...

Les émotions, c'est bon pour la santé !

Quand elles sont positives, les émotions sont sources d'équilibre et permettent à l'organisme de fonctionner avec un niveau de stress plus minime. Cela permet à la personne de conserver son énergie pour faire autre chose que combattre les effets néfastes d'un stress qui partirait en vrille. La principale émotion positive, la joie, est souvent l'expression de la régulation d'émotions négatives. Par exemple, une peur bien régulée peut rendre joyeux. La personne a réussi à vaincre sa peur, cela correspond à un succès et elle éprouve de la joie. Si, par facilité de langage, on parle des émotions positives et négatives, en vérité, même ces dernières peuvent changer de camp et entrer dans la famille de la joie. Une seule condition à ce passage : qu'elles aient été correctement régulées. En intégrant la CVE dans sa vie de tous les jours, on peut y parvenir et ce de façon bien plus aisée que notre imagination nous l'y autorise, car nous nous référons aux inconforts et douleurs ressentis bien plus qu'aux perspectives de confort et joie. Nous avons le droit d'y croire, le devoir d'essayer...

La recherche médicale a bien démontré que, par un enchaînement de réactions neuronales, les émotions positives stimulent notre état immunitaire et contribuent à nous faire profiter d'un bon état général. On sait tous qu'une personne malade, qui « a le moral » comme on dit, luttera mieux contre sa maladie qu'un patient déprimé qui se laisse aller. D'autre part, les émotions positives dynamisent notre vie aussi bien sur le plan professionnel qu'affectif. Pour être aimé, ne faut-il pas être aimable, donc a priori plutôt avenant que rébarbatif ?

En acceptant l'expression de nos émotions aussi souvent que c'est possible, on libère des tensions. Pleurer si l'on est triste, pousser un cri si l'on a été apeuré, hausser le ton parce que l'on est en colère, tout est possible si le contexte s'y prête. C'est un peu comme l'humour. On peut rire de tout, mais tout dépend avec qui et de quelle manière ce trait d'humour est présenté. Avec la CVE, on peut, par exemple, accueillir la colère de l'autre sans pour autant entrer en conflit ouvert. Cette colère peut même avoir droit de cité si elle contribue à restaurer notre amour-propre et rétablir une forme de reconnaissance que l'on attend des autres.

Les émotions nous livrent des indices

Les émotions donnent de la valeur et de la couleur, du goût aux choses qui nous entourent. Elles orientent nos goûts et nos dégoûts par les sentiments et les sensations qu'elles éveillent en nous. Sans émotions, la vie n'aurait aucun intérêt. La joie, la colère, même la tristesse et la peur, nous servent à évaluer un objet, une personne, une situation.

Les émotions peuvent aussi nous alerter :

- La colère signalera des injustices sous-jacentes.
- La peur, si elle n'évite pas le danger comme le dit l'adage, peut au moins nous l'indiquer.
- La tristesse renvoie à des pertes et des insatisfactions.
- Fort heureusement, la joie nous montre les leviers sur lesquels nous pouvons compter pour être bien.

Les émotions sont également utiles pour nous parler de nous, de ce qui nous plaît et nous déplaît, de ce qui nous réjouit ou nous attriste, de ce qui nous effraie et nous irrite. Elles nous révèlent à nous-mêmes et contribuent ainsi à nous apprendre comment nous montrer tels que nous sommes, sans forfanterie, mais sans fausse modestie non plus. Elles nous rappellent qui nous sommes intrinsèquement, en dehors des acquis de notre éducation. Elles nous fournissent des indications fiables (pourvu qu'on accepte de les entendre) sur les choix qui nous conviennent le mieux. Et quels sont-ils ? Ceux qui nous permettent de rester fidèles à nous-mêmes en toute circonstance. Aussi bien pour choisir l'homme ou la femme de notre vie que notre profession et pourquoi pas, notre menu au restaurant ou la musique que l'on aime entendre. Qui n'a pas, au moins une fois dans sa vie, dit qu'il n'aimait pas telle ou telle chanteuse populaire justement parce qu'elle était populaire alors qu'au fond, il aime sa voix, son rythme, son style ? Nous allons le voir, avec la CVE, nous pouvons changer tout en restant nous-mêmes.

Les émotions nous aident à prendre des décisions

Ce qui précède nous conduit à cet autre usage que nous pouvons faire de nos émotions : aider à la prise de décision. Cédons la parole à Antonio Damasio quand il parle du « rôle central des émotions dans la prise de décision, domaine où s'expriment par excellence le jugement, l'intelligence, la délibération. Ainsi, il y a une intelligence des émotions. Le fait que les émotions ne représentent pas, comme le pensait Descartes, la face obscure de l'esprit humain, mais qu'elles nous aident, au contraire, à prendre les bonnes décisions, ne cesse de me fasciner »[1].

Dans les années 1990, il réévalue le rôle des émotions dans la prise de décision et introduit le concept de « QE », Quotient Émotionnel. L'idée défendue et reprise par une partie de la communauté scientifique est qu'un être humain prend de meilleures décisions s'il tient compte de ses émotions. Pour sa

1. « Cerveau & Emotions », par Manuela Lenzen, dans *Cerveau & Psycho* n° 6, juin-août 2004.

part, le psychologue Claude Steiner écrit : « Goleman a montré pour la première fois qu'une jugeote émotionnelle a un rôle aussi important dans le succès qu'un QI élevé. Mieux, que l'intelligence émotionnelle est indispensable pour vivre une « bonne vie », une vie qui permette de profiter des richesses de l'esprit. Pour vivre bien, il faut un QI élevé ET un QE élevé[1]. »

Même les économistes se sont mêlés de la partie. Ainsi, sous l'impulsion du prix Nobel 1978, l'Américain Herbert Simon, un des pionniers de l'intelligence artificielle et Daniel Kahneman, prix Nobel 2002 et professeur à Princeton (États-Unis), l'économie a réhabilité l'émotion dans la prise de décision. Kahneman soutient que notre pensée a besoin des émotions pour être efficace car nous manquons d'informations pour tout décider rationnellement.

Les émotions comme facilitatrices de la décision : voilà aussi l'avis de la philosophie. Ainsi, Pierre Livet propose-t-il une théorie qui lie les émotions à nos comportements rationnels. Dans *Émotions et rationalité morale*[2], il explique qu'il existe une interaction des émotions dans le processus de décision à deux égards : d'une part, les émotions agissent comme une sorte de signal d'alarme qui suggère qu'il faut changer de comportement ou qu'il y a un hiatus avec les attentes de l'environnement ; d'autre part, les émotions, à l'inverse, peuvent conduire au blocage en cas de conflit interne entre deux choix incompatibles. C'est ce que d'autres appellent les situations paradoxales ou de double contrainte.

Les émotions nous permettent de mieux communiquer

Nous avons vu que, ne serait-ce que par notre expression du visage, une émotion nous met en lien avec un tiers. Entrez dans un magasin et demandez un renseignement avec un

---

1. Steiner, C., *op.cit.*
2. Livet, P., *Émotion et rationalité morale*, Paris, PUF, 2002.

sourire. Renouvelez l'expérience en affichant un visage fermé et vous verrez la différence ! Il suffit, pour que la communication passe bien, que les codes sociaux soient partagés. Elles facilitent les interactions sociales et favorisent les contacts au sein d'un groupe. On est plus attiré par les personnes qui ont l'air heureux ou qui savent appréhender les situations avec sérénité et calme que par celles qui communiquent leur stress ou paraissent sur la défensive…

Prenons un exemple du registre professionnel.

Une compagnie qui commercialise des produits vétérinaires vit en interne une situation de crise au moment des mesures de sécurité qu'impose la menace d'une pandémie que pourrait causer la grippe aviaire (Influenza ou H5N1). En effet, les équipes de vente sur le terrain redoutent les effets dévastateurs que pourraient susciter la destruction massive d'élevages de poulets et autres bétails sur les commandes de vaccins. À quoi bon passer commande s'il n'y a plus d'animaux à protéger se disent-ils ?

Le management de l'entreprise décide alors, au regard du niveau de stress des équipes de vente sur le terrain, de mettre en place un programme d'accompagnement pour permettre aux équipes d'une part de ne pas se laisser elles-mêmes gagner par un sentiment de panique et d'autre part d'apporter à leurs clients les moyens de se protéger contre une telle menace. L'apport de la CVE a permis d'appréhender la crise et la communication qui l'entoure de prendre des mesures de régulation utiles dans l'intérêt commun des parties. D'un côté, les commerciaux rassurés ont eu plus de facilités à porter la bonne parole sans inspirer d'inquiétudes à leurs clients, de l'autre les clients se sont sentis eux aussi apaisés et ont trouvé des interlocuteurs alliés face à une même problématique.

Comprendre les émotions, c'est se donner les moyens d'adopter la posture la plus constructive face à des événements exceptionnels ou parfois terriblement communs…

Prenons un second exemple, celui d'un sportif, joueur au sein d'une équipe nationale qui, lors d'une grande compétition internationale, en phase finale, sent la pression monter car le résultat est incertain. Tout peut encore se passer dans les quelques minutes qu'il reste à la rencontre avant que le sort ne désigne un vainqueur. La tension est forte et les agressions physiques fréquentes sont accompagnées de quelques invectives que l'on peut appeler agressions verbales. Le recours à la CVE peut permettre de préserver son calme et de ne pas se laisser emporter sur un coup de tête… en anticipant sur les risques d'un engrenage émotionnel a priori imparable.

Cette capacité d'une personne à réagir aux sentiments et donc aux comportements d'autrui fait appel à l'intelligence émotionnelle chère à Daniel Goleman. On qualifie quelqu'un d'émotionnellement intelligent s'il se tient à l'écoute de ses propres émotions et de celles des autres. Une telle personne sait exprimer ses propres sentiments, les maîtriser et les utiliser pour résoudre des problèmes concrets. L'intelligence émotionnelle consiste donc à savoir déchiffrer ses propres sentiments et à bien les utiliser pour soi et auprès des autres.

La communication n'est pas tout de la relation si l'on ne prend pas toute la mesure de la valeur émotionnelle et affective qu'elle porte en elle. Les émotions « sont réputées être absentes de la communication surtout dans le contexte de l'entreprise. Et pourtant ! Chacun sait parfaitement les provoquer chez l'autre et parfois bien les nier pour soi-même. Il y a là une intimité qui ne peut être ignorée. », écrit le psychiatre et consultant, Jacques-Antoine Malarewicz[1].

Les émotions maniées en mode « CVE » permettent de passer des relations alibi aux relations authentiques.

Les émotions nous aident au travail

Nous avons déjà vu l'impact des émotions sur notre capacité de décider et nous ne comptons plus le nombre de décisions que nous devons prendre au cours d'une journée de travail. La dimension émotionnelle faisant partie de la tâche, les employeurs peuvent exercer un contrôle sur les activités

1. Malarewicz, J.-A., *Systémique et entreprise*, Paris, Village Mondial, 2000.

émotionnelles des employés à travers, par exemple, la formation et la supervision.

Au Conservatoire national des arts et métiers (CNAM), Pascale Molinier s'est intéressée aux émotions dans le monde du travail. Dans la revue *Travailler*, elle montre que s'imposent à chacun des modèles de vie émotionnelle dictés par la seule dynamique de la productivité et de la marchandisation. Selon cette interprétation, l'émotion est dictée non plus par des valeurs culturelles particulières, encore moins par une vie privée pleinement épanouissante, mais par l'obligation même de résultats. Dans son laboratoire du CNAM, elle développe un courant de psychologie, la « psychodynamique du travail ». Ce courant de sociologie anglo-saxonne travaille plus particulièrement sur le concept d'*emotion work* que les Québécois traduisent par « travail émotif » et les Français par « travail émotionnel ». Il renvoie à la qualité de la relation entre un fournisseur de service et sa clientèle.

Voyons maintenant comment mettre en œuvre cet outil et, si vous le voulez bien, tout changer tout en restant soi-même !

4

LA CVE OU COMMENT TOUT CHANGER SI JE LE VEUX TOUT EN RESTANT MOI-MÊME

Si cette formule « Changer, tout en restant soi-même » vous intrigue, tant mieux ! Cela vous donne déjà une idée de ce que la Chaîne de Valeur Émotionnelle (CVE) présente d'original. Nous voulons tous changer au moins quelque chose dans notre vie, un comportement que nous estimons être un défaut, une attitude qui nous pose problème, une croyance qui nous freine, je suis certain que vous savez de quoi je parle !

Mais, en même temps que cette volonté de changer se manifeste en nous, il arrive aussi que l'on ne veuille pas tout bouleverser. C'est d'ailleurs comme cela que le changement peut s'opérer : quand il ne compromet pas les acquis et que le passage d'une rive à l'autre peut se réaliser dans des conditions de sécurité acceptables. Certains sont sensibles à la profondeur du fleuve, d'autres à la transparence de l'eau, d'autres encore à la force du courant ou à la distance à parcourir et certains à plusieurs éléments en même temps. Réfléchir à sa CVE, c'est identifier les conditions qui nous sont propres et grâce auxquelles nous allons oser et nous sentir capables de mettre en œuvre de nouveaux comportements alternatifs et éprouver pleinement leurs bénéfices. C'est ce qui permet d'aller à chaque fois d'une rive à l'autre et plus loin dans notre paysage intérieur, en douceur et en restant fidèle à soi.

Quand j'ai commencé à écrire ce chapitre, nous étions au début de l'année 2007, donc en pleine période des vœux d'une part, mais aussi des résolutions, « bonnes » en général, que nous prenons avec nous-mêmes. Soyons honnêtes : qui les tiendra encore au début du printemps ou aura su les mettre en œuvre ? Voilà pourquoi la CVE, qui connaît bien l'être humain et ses mécanismes internes, permet de « changer tout en restant soi-même ».

CHANGER PEUT FAIRE DU BIEN !

Un ami analyste me racontait la plaisanterie suivante : « Combien faut-il de psychanalystes pour changer une ampoule électrique ? Un seul, mais il faut que l'ampoule soit d'accord pour changer » !!

Le changement n'est pas une fin en soi, mais un moyen d'atteindre l'objectif que l'on s'est fixé. Il permet l'émergence d'un nouveau sens et de nouveaux repères. Une véritable volonté doit porter la personne à vouloir vraiment transformer tel ou tel aspect de sa vie ou de ses comportements. Les métiers de l'accompagnement personnel et professionnel ont vocation à aider cette marche en avant. Le coaching, par exemple, considéré comme « l'art d'accompagner une personne ou une équipe dans un changement professionnel d'une situation A vers une situation B » [1] est une réponse possible. Pour sa part, l'outplacement, permet de faire le point sur son parcours professionnel, sur ses comportements en entreprise et sur les sources de motivation.

La synthèse de ces trois volets permet à la personne de bâtir son projet d'évolution professionnelle. Ensuite, la démarche d'outplacement permettra d'accompagner la personne dans la mise en œuvre de ce changement jusqu'à son intégration dans sa nouvelle entreprise. À chaque moment charnière du processus, les émotions sont au rendez-vous. C'est particulière-

1. Blanc-Sahnoun, P., *L'art de coacher,* Paris, InterEditions, 2006.

ment évident au moment où le candidat vit la phase de rupture avec l'ancienne structure dans laquelle il travaillait, et aussi quand cette même personne fait son entrée dans son nouvel environnement de travail. On retrouve là des éléments du travail d'Élisabeth Kübler-Ross dont nous parlions au chapitre 3. Ainsi, à une phase de déni, « non, ce n'est pas possible que ça m'arrive à moi », on arrivera à l'acceptation et donc, à l'accueil de la nouvelle situation fraîchement mise en place.

Différents autres courants s'intéressent aussi au changement, la psychanalyse par exemple, en interrogeant le désir ; la psychologie humaniste en préférant s'attarder sur le besoin plutôt que sur le désir ; ou encore les cognitivistes qui, pour leur part, chercheront surtout à changer les représentations que la personne se fait de la réalité en changeant les pensées automatiques négatives par des pensées positives. Avec la CVE, l'attention est centrée sur la mécanique émotionnelle nécessaire à la mise en route d'un engrenage relationnel vertueux.

Pour que le changement soit bénéfique, il faut distinguer le vrai du faux. Le vrai changement permet à la personne d'innover et d'engendrer des interactions nouvelles avec les autres. Le faux changement procède du leurre. On fait « plus de la même chose » et ainsi, rien ne change. Comme l'écrit avec raison Françoise Kourilsky : « Nous masquons souvent nos objectifs et nos désirs de changement en exprimant à la place des plaintes vagues et des problèmes mal cernés. [1] »

Le changement n'a pas nécessairement pour objectif premier de revenir à une situation d'équilibre. Il peut passer par une phase d'approximation, de transition. Avec la CVE, on abandonne des croyances limitantes : « on m'a toujours dit que j'étais nulle en sport », « on m'a toujours surnommé Caliméro », pour en construire de nouvelles, facilitantes : « j'ai peut-être pas besoin de gagner une médaille pour avoir du plaisir en courant ou en nageant », « se plaindre c'est provoquer le rejet des autres et renforcer un sentiment d'incompétence.

---

1. Kourilky, F., *Du désir au plaisir de changer*, Paris, Dunod, 2004.

Ce n'est pas le moyen le plus efficace pour attirer l'attention des autres ».

LES MOTS CLÉS POUR COMPRENDRE LA CVE

Cause

De manière courante, nous pouvons admettre qu'une cause est ce qui produit un effet. Vous vous brûlez, vous avez mal. C'est simpliste, mais c'est la réalité. Il s'agit là d'une cause immédiate.

Il existe aussi des causes plus profondes qui éclairent souvent sous un autre jour l'événement qui a justement produit ladite cause. C'est pourquoi, parler de la cause, c'est la différencier du résultat ou des conséquences. La confusion est facile comme le montre l'exemple suivant : je l'appelle le « syndrome de la veilleuse ».

> Un enfant a peur dans le noir. Ses parents croient que c'est l'obscurité qui l'effraie, que ce noir est la *cause* de sa peur. Or, c'est une erreur. En parlant avec l'enfant, on comprend que lui, dans sa petite tête, il est persuadé que la nuit, des monstres dangereux viennent attaquer les enfants. Alors, il est très légitimement effrayé. C'est pourquoi, quand des parents persuadés d'agir dans le bon sens vont proposer à leur petit de laisser une veilleuse allumée pour que le noir ne soit pas angoissant, ils vont en fait traiter la conséquence. Et rien ne sera réglé de manière durable. En revanche, s'ils comprennent pourquoi l'enfant a peur, que la question des monstres apparaît dans son discours et qu'ils discutent des monstres pour travailler sur sa croyance, non seulement le bambin n'aura-t-il plus peur dans le noir, mais en plus, il sera débarrassé de cette conviction erronée liée à la violence sauvage de ces monstres imaginaires.

Transposons maintenant l'exemple du « syndrome de la veilleuse » au milieu professionnel.

> Laurence est une assistante dévouée. Un jour, son patron lui demande de lui produire vite et bien un document urgent.

Elle accepte, fait des heures supplémentaires, s'arrange avec les engagements qui l'attendaient en principe notamment auprès de la nounou de sa petite fille et, en soirée, elle produit le document tant attendu, tant « exigé » même, de son cher patron. Le lendemain matin, elle prend des nouvelles. L'homme n'a rien lu. Il verra plus tard. Laurence, malgré sa gentillesse légendaire, se sent blessée, ni respectée ni considérée pour les efforts fournis.

Quelques mois plus tard, la situation se présente à nouveau. Laurence refuse, puis doit plier car, même si les mots ne sont pas ceux-là, sortir ce rapport vite est un ordre. Le travail produit est mal fait, bâclé. Le patron n'est évidemment pas content et attribue la piètre qualité du travail fourni à la mauvaise humeur de sa secrétaire. Dans sa logique, la cause tient donc du caractère inconstant de ladite Laurence. Voilà où cet homme commet une erreur. L'humeur n'est que la conséquence. La cause, c'est son attitude, quelque temps auparavant, quand il n'avait marqué aucune considération pour cette femme dont le dévouement lui était pourtant acquis.

Je vous livre une astuce pour savoir si vous vous attardez bien à la cause et non à la conséquence : tant que vous pouvez répondre à la plus simple des questions de tous les temps : « pourquoi », vous n'êtes probablement pas arrivé à la cause originelle. Une façon de réussir à l'identifier est la technique des 5 « P ». Nous la retrouverons plus tard dans les cas pratiques de CVE décrits dans la partie II de cet ouvrage. La technique des 5 P consiste à poser jusqu'à cinq fois la question « pourquoi ? » à la personne qui se débat avec une émotion débordante. En principe, au cinquième « pourquoi ? », on aboutit à la vraie cause, la cause originelle, celle à partir de laquelle on peut véritablement travailler.

Revenons au syndrome de la veilleuse… Illustration autour du lit de Théo.

Son papa vocifère à travers la maison car il en a assez de voir son fils se relever. Il est tard. C'est « insupportable » dit-il, « demain il y a école » ! Il aimerait bien passer une soirée tranquille après une journée de travail laborieuse aujourd'hui. Il hurle et la peur qu'il engendre est supérieure à la peur que les monstres cachés font ressentir à Théo… Ambiance cool comme disent les enfants !

Maintenant, nous imaginons que le papa de Théo, 5 ans, est désormais aguerri avec la CVE. Il monte au chevet de son fils.

Papa : Ben alors fiston il est tard, tu ne veux pas dormir et pourquoi ?

Théo : Euh, ben c'est parce que y a des monstres qui me font peur.

P. – Et pourquoi ?

T. – Ils sont très méchants papa.

P. – Et pourquoi ils seraient méchants ?

T. – Ils pourraient me mordre et me faire très mal.

P. – Et pourquoi tu penses qu'ils pourraient te faire du mal ?

T. – Je ne sais pas, peut-être que ils ont peur aussi que je sois méchant si ça se trouve ?

P. – Pourquoi, tu as déjà été méchant ?

T. – Euh non, enfin si ça se trouve des fois avec ma sœur quand elle m'embête.

P. – Pourquoi la prochaine fois, quand tu sens que tu peux être méchant avec ta sœur, tu ne viens pas m'en parler ? C'est mieux pour toi et pour elle, comme ça moi, je ne risque pas de te gronder ou te punir si je découvre ta bêtise et comme ça, tu verras que les monstres, peut-être, ils disparaîtront tout seul !

T. – D'accord, merci papa.

P. – Bonne nuit, j'éteins, à demain.

Illustration cette fois autour de la machine à café…

Monsieur Boss vocifère à travers tous les couloirs car il n'y a plus de cartouches pour la machine à café. C'est « inacceptable » dit-il, il veut voir le responsable, un responsable, quelqu'un ! Un malheureux élu se présente, reçoit les foudres du hiérarque, la colère de l'un triomphe de la peur de l'autre… Belle ambiance !

Maintenant, nous imaginons que Monsieur Boss est désormais rompu aux charmes de la CVE. Il appelle son assistante.

Monsieur Boss : Il n'y a plus de capsules pour le café ?

Madame Assistante : Euh, non, peut-être, enfin, je ne sais pas.

M.B. – Et pourquoi ?

M.A. – Nous n'avons pas été livrés.

M.B. – Et pourquoi ?

M.A. – Je crois que la personne aux approvisionnements était absente la semaine dernière.

M.B. – Et quand elle part, personne ne la remplace ? Ce n'est pas prévu, pourquoi ?

M.A. – Je ne sais pas, ça ne relève pas de moi.

M.B. – Pourquoi ?

M.A. – Nous n'en avons jamais parlé. Vous ne me l'avez pas demandé et puis, jusqu'à présent, il n'y a pas eu de problème.

M.B. : Pourquoi ne vous en occuperiez-vous pas désormais au moins pour la direction. Je ne veux pas, quand on reçoit des clients importants, que l'on ait ce problème. Ça donne une mauvaise image de la boîte. J'ai besoin que ce soit fiable.

M.A. : D'accord, si vous voulez, je veux bien y veiller désormais.

Au final, non seulement il n'y aura pas eu d'énervement intempestif, mais une solution aura été trouvée et au passage,

Monsieur Boss aura fait passer à son assistante un message responsabilisant.

En résumé, la cause est l'ensemble des explications qui justifient les comportements dont les modalités d'expression sont les conséquences. Dans la CVE, la cause suggère à chaque personne d'entreprendre un travail de recherche pour comprendre la raison pour laquelle elle « pseudo-régule ». Nous le verrons dans quelques pages, mais « pseudo-réguler » consiste à adopter des comportements qui ne conduisent pas forcément au résultat escompté. Ainsi, une personne qui n'ose pas exprimer son désaccord à son chef le fera peut-être malgré tout, mais mal tant qu'elle ne pourra pas formuler clairement pourquoi elle n'est pas d'accord.

Comportements de pseudo-régulation

Pourquoi, malgré tout ce qui se dit, s'écrit, se lit sur le bien-être au travail ou à la maison, éprouvons-nous encore de la souffrance ou tout au moins, un inconfort émotionnel au détour de nos relations avec les autres ? Probablement parce que l'on se complique la vie avec nos émotions que nous tentons de parasiter et qui amènent la personne à se sur-adapter pour faire en sorte de ne pas souffrir.

Les comportements de pseudo-régulation correspondent à la volonté de régler des problèmes ou des situations que nous considérons être difficiles ou délicates. Il s'agit de mécanismes de protection destinés à réduire le niveau d'inconfort que la personne éprouve afin de rendre sa souffrance plus supportable. Nous pourrions le comparer à une forme d'autodéfense. Néanmoins, ne nous y trompons pas, comme le préfixe le laisse entendre, ce comportement est certes parfois vital mais, au-delà de l'instant clé, le plus souvent il est illusoire. Il peut répondre à un besoin à court terme, pour « faire l'affaire » si vous me permettez cette familiarité, mais en aucun cas il n'apportera une solution durable à ce malaise. En raison de cette caractéristique, les comportements de pseudo-régulation sont très coûteux tant ils mobilisent d'énergie pour réagir et tenir le coup aussi longtemps que possible.

Avec les comportements de pseudo-régulation, la situation redevient acceptable, mais la personne aux prises avec ce mal-être ou, dans une moindre mesure, cet inconfort, ne va pas au cœur du problème. En conséquence, celui-ci se présentera encore et encore et elle le vivra mal, encore et encore.

Malgré ces inconvénients, les comportements de pseudo-régulation sont utiles au regard de la CVE parce qu'ils révèlent des symptômes importants de la situation et du sens erroné qu'on lui donne, mais qu'ils permettent surtout de tenir le coup encore un peu ...

Comportements de régulation

Nous aurons donc gardé le meilleur, pardon le plus utile, pour la fin ! Les comportements de régulation nous invitent à considérer que la souffrance ou l'inconfort ne sont pas des passages obligés.

« Mais comment ça ? » dites-vous à la seconde même. « Il faut bien fournir des efforts dans la vie ! Déjà que notre jeunesse considère que tout lui est dû ! Il ne manquerait plus que ça ! ». En effet, certes, la vie n'est jamais exempte de moments de douleur, mais la révolution émotionnelle que sous-tend la CVE, c'est de permettre de considérer que la fatalité n'est pas inéluctable. Il ne s'agit pas de dire que l'effort doit disparaître, mais que la souffrance n'est pas un état de fait, ni une nécessité. Il est possible de fournir un effort quitte à souffrir le temps de l'effort ultime – les sportifs en savent quelque chose – à condition qu'un réconfort s'ensuive. Pourquoi accepter une situation de douleur ou d'inconfort qui parfois s'entretient sans effort, là où la satisfaction peut succéder à l'effort…

Dans l'univers du travail, certaines croyances sont parfois bien ancrées sur le sort qui attend le salarié. Qui n'a jamais entendu dire autour de lui combien « il s'ennuie au boulot », combien « elle se prend le bec avec ses collègues au point d'en devenir malade », combien « il est rare de réaliser sa mission en se sentant utile et reconnu », etc.

Au-delà de ces réflexions malheureusement courantes, subsiste la représentation que le travail n'est pas forcément un lieu de plaisir... d'autres avant moi ont souligné l'étymologie du mot travail. Le *tripalium* est pour les Romains, et c'est attesté au début du moyen-âge, un instrument de supplice, dont dérive le terme « travail ». Il désigne l'outil de contention familier aux éleveurs. Le dictionnaire évoque l'historique et le croisement étymologique avec *trabicula*, petite travée, poutre, désignant un chevalet de torture (*trabiculare* signifie « torturer » et « travailler », au sens, de « faire souffrir »). Il serait dommage de rester enchaîné à cette conception probablement archaïque du travail. Il est toutefois « amusant » de constater que le lieu dans lequel les femmes enfantent est toujours dénommé salle de travail. On pourrait l'appeler salle du bonheur car, au fond, pour tout parent l'ayant vécu, que subsiste-t-il de cet instant de grâce sinon le souvenir d'une merveilleuse émotion ?...

En définitive, on passe donc, avec la CVE, d'un mode de résolution des problèmes quand on s'attache au symptôme seulement, à un mode de dissolution des problèmes en s'attardant sur la cause d'abord et avant tout.

Les régulations sont une composante indispensable de la théorie des systèmes (l'entreprise est un système, la famille aussi, le club sportif auquel vous appartenez également...). Pourtant le plus important dans un système, ce ne sont pas ses diverses régulations, mais leur finalité. C'est pourquoi on peut considérer les régulations comme des moyens de nous pousser à agir. Dans le modèle de la CVE, elles permettent de porter un autre regard sur la vie en substituant le plaisir à la souffrance. Reprenons l'exemple de notre assistante, Laurence. Si son patron l'avait remercié de ses efforts pour rendre le travail à temps, elle aurait éprouvé un réel sentiment de plaisir du travail bien fait et aurait recommencé volontiers une autre fois si le besoin s'en était fait sentir.

En résumé, la régulation permet :

- de trouver du sens à ce que l'on fait, à ce que l'on vit ;
- d'identifier l'utilité de cet acte ;

- d'en éprouver du plaisir ou tout au moins une petite satisfaction.

Là où le modèle probablement apporte le plus de « subtilité » à la régulation émotionnelle, c'est que celle-ci peut se produire selon trois niveaux :

- réel ;
- symbolique ;
- imaginaire.

Pour illustrer ce principe, reprenons l'exemple du « syndrome de la veilleuse ». Précédemment, nous avons compris qu'à l'aide de la règle des « 5 P », nous pouvions adresser la cause originelle. Grâce à cette question oh combien simplissime du « pourquoi ? ». Nous avons pu déterminer que Théo a investi les monstres d'une mission particulière. Celle potentiellement de le punir de la bêtise qu'il a pu commettre en se montrant agressif envers sa sœur. Maintenant, encore faut-il pouvoir rassurer Théo que ses comportements de colère envers sa sœur ne vont pas occasionner la punition tant redoutée. C'est ce que nous appelons une régulation.

Voyons voir comment cela se passe… :

Papa – Ben alors fiston il est tard, tu ne veux pas dormir et pourquoi ?

Théo – Euh, ben c'est parce que y a des monstres qui me font peur.

P. – Et pourquoi ?

T. – Ils sont très méchants papa.

P. – Et pourquoi ils seraient méchants ? Tu sais les monstres n'existent pas ! Regarde, j'ai une lampe de poche et on va regarder partout où ils pourraient se cacher. Tu vois il y en a pas !

T. – Oui mais tu sais, ils sont malins et n'apparaissent que quand tout le monde est endormi…

La conversation pourrait perdurer plusieurs heures sans que le papa ne réussisse à convaincre son fils.

Ce qui est intéressant, c'est qu'ici le père effectue une régulation certes, mais dans le réel. Effectivement, nous, les adultes, savons que les monstres n'existent pas. Je parle de ceux tout baveux qui vous font sursauter en apparaissant soudainement sous le lit… Ils n'existent pas. Jamais aucun scientifique ne nous a apporté la preuve de cette existence. Pas d'échantillon, pas de film (en dehors de ceux d'Hollywood) ! Donc Théo devrait comprendre quand même et être rassuré à l'annonce de son papa que les Monstres, c'est une vue de l'esprit. Mais quel que soit le beau discours emprunté, aucune preuve ne pourrait suffire pour faire disparaître les monstres et les peurs associées chez Théo.

Et si nous tentions l'expérience de la régulation par l'imaginaire ?

Papa – Ben alors fiston il est tard, tu ne veux pas dormir et pourquoi ?

Théo – Euh, ben c'est parce que y a des monstres qui me font peur.

P. – Et pourquoi ?

T. – Ils sont très méchants papa.

P. – Et pourquoi ils seraient méchants ? Tu sais les monstres ils peuvent devenir gentils ! Mais à une condition. Regarde, je vais te donner une poudre magique. C'est la même que celle que ton grand-père m'a donné quand j'avais exactement ton âge !

Le papa de Théo fait le geste imaginaire de lui verser cette poudre magique dans le creux de sa main. Il accroît l'intensité de la situation en lui parlant tout d'un coup à voix basse,

P. – « On sait jamais si les monstres écoutent… Ils ne doivent pas s'attendre à trouver cette poudre ici… »

T. – Ah bon, mais pourquoi ???

P. – Parce que ils en ont horreur. Elle les rend très très malade. Il suffit que tu en mettes aux endroits par où les monstres peuvent arriver. Viens on va le faire ensemble.

Théo et son papa commencent alors le cérémonial de la poudre magique. Cette situation amuse Théo de poser de la poudre magique. Il se fait penser à Harry Potter… Théo remonte dans son lit apparemment rassuré.

P. – Bonne nuit, j'éteins, à demain.

T. – D'accord, merci papa

Dans ce contexte et avec un enfant, et à la condition que la peur ne soit pas trop ancrée, la régulation par l'imaginaire peut fonctionner. Cependant, si la peur est plus profonde, la régulation par l'imaginaire est à double tranchant. En effet, le paradoxe de ce recours à l'imaginaire est le suivant. Que se passe-t-il au fond lorsque Théo entend son père lui dire qu'avec la poudre magique les monstres ne vont plus venir ? L'enfant va se dire « mais si papa me donne de la poudre pour lutter contre les monstres, ça veut dire qu'il y croit aussi ! Ça veut donc dire qu'ils existent et que j'ai bien raison d'avoir peur, sinon pourquoi cette poudre ??? ».

Et c'est là que le réel fait son intrusion dans l'imaginaire ! Lorsque les monstres traqués par une poudre imaginaire prennent vie dans le monde réel… En quelque sorte, il y a de fortes chances que la tentative de régulation par la réassurance ne fonctionne pas. En fait, d'expérience, les régulations par l'imaginaire chez l'adulte ne donnent rien, voire au contraire renforcent l'émotion négative que l'on tente de réguler. Quand à la régulation par le réel, elle peut-être utile, mais rarement suffisante.

Seule la régulation symbolique apporte les bénéfices escomptés. Dans cet exemple, il s'agit bien, comme nous l'avons vu plus haut, pour le père, de permettre à son enfant de ne pas avoir peur des monstres en réalité, mais du substrat symbolique que constitue la punition. Le symbolique, c'est bien d'avoir recours à une représentation pour en cacher ou en désigner une autre. Ici, la peur des monstres renvoie à la menace de punition. Et c'est en rassurant l'enfant sur le fait que, cette fois-ci, il ne sera pas puni, que sa peur des monstres s'évanouira automatiquement. C'est quasi mécanique. C'est le bon côté de l'engrenage émotionnel.

Cette distinction de la régulation selon ces trois niveaux : réel, symbolique et imaginaire est très importante. Elle est même au cœur du modèle de la CVE et il peut être utile de se référer à un autre exemple.

Charles a 51 ans. Il travaille à l'usine comme agent de maîtrise. Il se souvient de son début de carrière, il avait 16 ans. 35 ans de carrière dans la même entreprise. Il a démarré au bas de l'échelle, comme il se plaît à dire. Peu à peu, il a évolué et maintenant il coordonne l'activité d'une petite équipe de techniciens. Il est apprécié par ses collaborateurs car il sait de quoi il parle et il se met toujours à leur portée. Ils parlent le même langage.

Le fondateur vient de vendre la société car il part à la retraite. Il a repoussé l'échéance au maximum, mais il le fallait. Il a cédé l'activité à un grand groupe international, se disant qu'ainsi la société aurait les moyens de se développer. Cela fait 8 mois maintenant et un plan de restructuration vient d'être annoncé. Charles apprend que la partie production est désormais confiée à la filiale polonaise. La main d'œuvre y est moins chère.

Le DRH reçoit Charles pour lui faire part officiellement de la nouvelle. Même s'il le savait, car les rumeurs avaient précédé l'annonce, il reste interdit ! Il n'arrive pas à y croire. Une proposition lui est faite d'aller s'installer en Pologne. Des gens de sa compétence sont très utiles là-bas dans l'usine. Mais il ne veut pas. Sa maison vient de finir d'être payée, sa femme travaille à mi-temps et deux de ses trois enfants vivent au foyer. Il ne peut pas aller si loin…

Charles est choqué. « Après 30 ans ! » se dit-il « on me jette comme si je n'étais rien ! C'est dégueulasse, j'ai tout donné à cette boîte et voilà comment on me traite. Comme moins que rien ! ». Charles est très en colère. Il n'y a pas de poste pour lui dans le groupe. Ça veut dire qu'il va se retrouver au chômage. « À 51 ans, c'est le pire des cadeaux… Tout ça à cause d'actionnaires qui n'ont qu'une idée, s'en mettre plein les fouilles ! Je vais leur faire payer moi, ils vont voir ».

Pour en revenir aux comportements de régulation à mettre en œuvre selon les trois niveaux évoqués plus haut, comment les initier ici ?

Charles est en colère (émotion). Il vit une injustice (sentiment) et subit ce qu'on appelle un préjudice (cause). Que demande quelqu'un qui subit un préjudice ?

Il demande réparation. D'ailleurs, la demande de réparation se fait le plus souvent sous la forme de demandes d'indemnités financières. Ce terme est intéressant car, même s'il est emprunté à l'univers juridique, il a quelques implications psychologiques. En effet, être indemnisé le plus souvent financièrement, c'est permettre à l'autre de sortir indemne du préjudice psychologique subi.

Quelle pourrait être alors la tentative de régulation par le réel ?

Quelle régulation réelle serait la plus efficace. La réalité, c'est que Charles vient de perdre son emploi. Donc, ce serait au mieux que son emploi lui soit restitué ou qu'un emploi équivalent dans le groupe lui soit proposé. Or, ici c'est impossible.

Une autre régulation, dans le réel, serait de prévoir un programme d'accompagnement lui permettant de bénéficier des services d'un cabinet spécialisé pour l'aider à se reclasser. Ça fait partie des procédures que certaines entreprises peuvent proposer. Elles sont généralement acceptées par les salariés, mais ça n'est jamais suffisant.

Quelle régulation serait possible par l'imaginaire ? En fait aucune ! Vous imaginez possible que le DRH exprime à Charles le fait que tout va bien aller, qu'il va trouver un emploi très vite car il a de très fortes compétences et que ce n'est pas possible qu'il n'y ait pas un employeur qui ne soit pas désireux de l'embaucher pour lui proposer un contrat magique ? Ça ne ferait qu'attiser sa colère et provoquer son agressivité ! Même si Charles imagine et se dit qu'il est au fond l'objet d'un complot et que tout était préparé d'avance, l'imaginaire n'est malheureusement d'aucun recours chez l'adulte.

Quelle régulation symbolique serait alors envisageable ? Revenons à la demande de réparation. Nous parlions d'une indemnité. En effet, systématiquement aujourd'hui, tout licenciement se conclut par une indemnité sous la forme d'une transaction financière. Si vous ne proposez, en tant que DRH, qu'une régulation par le réel sous la forme d'un programme d'outplacement, ce sera invariablement jugé insuffisant. Le préjudice est pourtant bien la perte de l'emploi, donc on s'attendrait à ce qu'une aide à ce niveau soit suffisante. Et bien non, la seule façon de réparer le préjudice, c'est de proposer une compensation à caractère financier. C'est là qu'agit le symbolique. Car de quoi s'agit-il ? Si vous perdez votre job, vous vous dites que vous n'aviez pas de valeur, sinon on vous aurait gardé ! Or si vous n'avez plus de valeur, qu'est-ce qui peut vous en redonner ? De l'argent, celui qu'on vous verse sous la forme d'une indemnité. Là, vous vous dites, « si on me donne de l'argent, c'est que je représente de la valeur ». D'ailleurs, plus le préjudice est élevé, et plus la demande d'indemnités est élevée… C'est une loi. Ici donc la dimension symbolique est bien : Argent = Job. Comme dans le syndrome de la veilleuse où finalement Punition = Monstre. Tant que vous tenterez de réguler au niveau réel, ce sera au mieux insuffisant, au pire provocateur…

Il peut arriver qu'en cherchant à vous souvenir de ce à quoi vous renvoie un événement vécu récemment, différents moments de votre passé refassent surface. Lequel, alors, est celui qui nous apportera l'éclairage requis pour dérouler la CVE ? Tout simplement le premier à s'être produit au cours de notre vie et qui fait sens à la lumière du thème concerné.

En résumé, toute régulation ne peut se faire de façon efficace qu'à la condition de répondre à l'impératif d'identifier le niveau symbolique auquel l'émotion agit.

CONSTRUIRE NOTRE RAPPORT AU MONDE

Les émotions nous informent sur le monde et nous donnent des éléments pour définir le rapport que nous voulons construire avec lui. Si on ne les subit pas, elles nous permettent de mieux nous comprendre et de mieux saisir les enjeux de ceux qui nous entourent. Voyons cela de plus près…

La peur

De toutes les scènes du film d'Alfred Hitchcock, *Psychose* (1960), celle où Janet Leigh est sous sa douche et hurle quand la personne qui va l'assassiner approche est celle qui aura sans doute le plus marqué les esprits ! Quoi de plus expressif, en effet, pour montrer la peur, que la panique même.

La peur est suscitée par un danger ou un événement inattendu. Elle donne envie de fuir pour écarter ledit danger et être rassuré. En cela, elle est utile. La peur s'enracine dans le cerveau et nous livre à des traumatismes tenaces. Aujourd'hui la peur a délaissé ses objectifs premiers d'alerte (peur d'une bête sauvage, d'un incendie de forêt…) pour se projeter sur de nouveaux thèmes : l'angoisse de vivre, celle de la maladie, des lieux publics… Ou faire l'objet d'un commerce (films d'horreur, publicité...) ou devenir un objet de consommation (sports extrêmes...).

Pour celles et ceux qui n'en seraient pas encore convaincus, dirigeons notre lorgnette vers les médias. Du « huitième art », la publicité, au septième art en passant par la presse électronique, numérique ou imprimée, partout l'émetteur cherche à provoquer des sensations.

Or, celles-ci, nous l'avons bien compris grâce aux neurosciences, sont le fruit de nos... émotions. Encore elles ! L'effet moins heureux de ce débordement émotionnel et médiatique est l'affadissement de nos émotions.

Qui s'émeut encore d'une image choc ou d'une statistique renversante ?

Quelques minutes après, une autre information prendra le dessus et la vie suivra son cours.

L'accoutumance au commerce des émotions évoquant la peur engendre au pire l'indifférence et à moindre échelle un repli émotionnel.

Voici comment peut se représenter le modèle de la CVE concernant la peur. Chacune des CVE représentant le cheminement d'une émotion sera présentée de la façon suivante :

Cause/Sentiment/Comportements de pseudo-régulation/ Comportements de régulation/moyens de régulation.

Pour la peur, cela donne le tableau 4.1.

Tableau 4.1 – Le modèle de la Chaîne de Valeur Émotionnelle pour la peur

Cause	Sentiment	Comportements de pseudo-régulation	Comportements de régulation	Moyens de régulation
Danger Risque Menace	Inquiétude Anxiété Angoisse	Évitement Fuite ou fuite en avant Autodéfense	Réassurance	Dédramatiser Aider à prendre du recul Explorer le champ des possibles

Il est à noter, quand on parle des causes de la peur, qu'elles sont à hiérarchiser au regard du degré d'incertitude lié à la situation qui génère la peur. Il est probablement plus aisé de distinguer la différence lorsque l'on se pose les questions suivantes :

- Quoi ?
- Où ?
- Quand ?
- Comment ?

Plus vous êtes en mesure de répondre à ces questions, plus vous êtes capable d'identifier le danger ; moins vous l'êtes, plus vous êtes proche d'une menace dont le sentiment est diffus.

Prenons un exemple. On parlera de menace terroriste lorsque ni le lieu (où : type de lieu publique), ni le moyen (comment : attentat à l'explosif, chimique ?), ni la date (quand : court ou moyen terme) ne sont connus. En revanche la seule information connue relève du quoi : on sait qu'un attentat se prépare...

On parlera de risque lorsque les informations sur le comment seront mieux appréhendées. Enfin, on parlera de danger lorsque le où et le quoi seront plus clairs. Au regard de l'exemple sur le risque d'attentat, on saura presque tout sauf la date précise. Le reste sera déjà bien identifié.

Ceci est résumé dans le tableau 4.2.

Tableau 4.2 – Hiérarchiser les peurs en fonction du degré d'incertitude

	Danger	**Risque**	**Menace**
Quoi	Connu	Connu	À peu près connu
Où	Connu	Incertain	Incertain
Quand	Incertain	Incertain	Incertain
Comment	Connu	À peu près connu	Incertain

La colère

La moutarde vous monte au nez ? Les sourcils de votre interlocuteur sont froncés, sa voix change ? Vous sentez monter la pression et tentez de respirer calmement pour apaiser vos sens. Sans doute est-ce la colère qui monte chez l'un ou chez l'autre !

Il s'agit de se demander quel dommage on a subi, qu'il soit réel ou d'ordre purement psychologique et quel type de réparation on attend pour écarter durablement cette émotion. La colère peut aussi se diriger contre vous-même. Dans tous les cas, c'est parce qu'un obstacle vous provoque et que vous allez devoir trouver en vous des ressources pour passer outre sans ressentir de frustration au regard de la solution trouvée dont le compromis doit être acceptable par toutes les parties concernées.

Pour autant et malgré l'adage, la colère n'est pas toujours mauvaise conseillère. Elle peut être salvatrice dans le sens où elle peut nous permettre de regrouper nos forces pour échapper à une situation insupportable ou dangereuse. Peut-on alors parler de « saine » colère ? Dans une situation périlleuse aucun doute, dans un débat politique, l'expression de la colère peut constituer ce qu'on appelle une faute technique au regard du modèle de régulation de la CVE. Nous le verrons dans la présentation de la pratique du cercle vertueux à l'opposée de celle du cercle vicieux. Une seule condition pour y parvenir : identifier les raisons de cette colère et la manière dont elle se manifeste en nous.

Comme nous distinguions peur et angoisse, distinguons colère et violence. L'une ne donne pas toujours naissance à l'autre. Heureusement ! Il y a violence quand les limites sont transgressées et engendrent des problèmes additionnels de nature à nous faire craindre la perte de notre intégrité (on casse une machine, on en vient aux mains...).

Pour la colère, cela donne le tableau 4.3.

Tableau 4.3 – Le modèle de la Chaîne de Valeur Émotionnelle pour la colère

Cause	Sentiment	Comportements de pseudo-régulation	Comportements de régulation	Moyens de régulation
Préjudice	Injustice	Opposition active et/ou passive Agressivité verbale et/ou physique	Demande de réparation	Reconnaissance du préjudice Proposition d'une compensation d'ordre symbolique

Il est à noter ici qu'il existe bien souvent un paradoxe que nous pouvons avoir du mal à dépasser. En effet, lorsque nous sommes en colère, le seul moyen de réguler efficacement la colère, c'est d'obtenir réparation. Mais encore faut-il la demander pour l'obtenir … Et c'est là où il devient fréquent de tourner en rond. Combien de fois n'ai-je pas entendu « Attendez, non seulement je subis un préjudice, mais il faudrait qu'en plus j'aille demander quelque chose ?! Non mais vous rêvez ! Si c'est à quelqu'un de faire quelque chose, c'est bien à celui qui est la cause de mes soucis ».

Or, combien de fois, celui ou celle qui est la cause de nos soucis n'est pas conscient de ce que nous ressentons. Non seulement, il n'avait aucune intention de nous nuire, mais en plus, il est à deux milles lieues de se douter que nous vivons cette tourmente intérieure. Une chose est sûre, quoi qu'il en soit, sans demande, pas de réparation ! Là encore le principe du cercle vertueux nous renseignera sur la façon de procéder sans que nous en ressentions une quelconque blessure supplémentaire.

La tristesse

Les émotions, nous l'avons vu du point de vue étymologique notamment, suggèrent un mouvement de soi vers les autres et de soi avec soi. La tristesse s'inscrit justement dans cette forme d'introspection. On rentre en soi pour se consoler et tenter de se sentir mieux.

Source de confusion : la tristesse et la fatigue au motif que la tristesse peut rendre passif, inactif, donnent l'illusion que nous sommes épuisés. La tristesse n'est pas non plus systématiquement synonyme de dépression ou de mélancolie.

Pour la tristesse, cela donne le tableau 4.4.

Tableau 4.4 – Le modèle de la Chaîne de Valeur Émotionnelle pour la tristesse

Cause	Sentiment	Comportements de pseudo-régulation	Comportements de régulation	Moyens de régulation
La perte	Culpabilité Dévalorisation de soi Dépression	Repli sur soi Isolement Inhibition	Consolation	Écoute Compréhension Encouragement Stimulation Éviter la contradiction Empathie

La joie

Porté par elle, tout devient possible ! Les situations joyeuses sont désirables. La joie nous motive mais il ne faut pas se bercer d'illusion : elle est toujours un état transitoire ! Heureusement, comme nous aspirons toujours à l'éprouver en forte dose, nous trouvons là une motivation pour agir. Quand « y a d'la joie », c'est la bonne humeur assurée. En ce sens, elle est plus qu'un état, c'est une qualité, pourquoi pas, une vertu !! Un bain de jouvence.

Elle nous aide à agir dans les situations difficiles notamment parce qu'elle est stimulante.

La joie est aussi la manifestation émotionnelle des comportements régulateurs suggérés par la CVE. C'est pourquoi elle

ne survient pas miraculeusement. La joie se construit, voire, se mérite. Toute autre impression de gaieté ou de légèreté risque d'agir comme un subterfuge. Dans une société hédoniste accordant une place de choix à l'immédiateté dans la réponse à des besoins et la satisfaction de désirs, ce recadrage dans le temps participe de l'originalité du modèle.

De la joie au bonheur, la frontière est ténue. Franchissons-là allégrement pour croire que la joie contribue non seulement à notre vie, mais au bonheur au fil des jours.

Pour la joie, cela donne le tableau 4.5.

Tableau 4.5 – Le modèle de la Chaîne de Valeur Émotionnelle pour la joie

Cause	Sentiment	Comportements de pseudo-régulation	Comportements de régulation	Moyens de régulation
Réussite Succès	Bonheur	Recherche instantanée de satisfaction sans volonté d'effort Addiction,	Enthousiasme Initiative Action Cohésion Affirmation de soi Autorité Leadership Influence	Marquer la réussite, féliciter Fixer de nouveaux objectifs Canaliser l'enthousiasme

LE PARCOURS ÉMOTIONNEL OU DU CERCLE VICIEUX À LA SPIRALE VERTUEUSE

La plus grande difficulté réside dans le fait d'exprimer ses émotions ou plus simplement ses sentiments. Il s'agit parfois d'une lutte intérieure qui peut nous rendre hésitant. « Ai-je le droit de dire ce que je pense ? Comment le dire ? Peut-il ou peut-elle l'entendre, l'accepter, le comprendre ? Et si je le dis, qu'est-ce qui risque de se produire ? Ne vais-je pas en subir les conséquences ? ». Etc.

Notre mode d'éducation, nos croyances, parfois nos peurs ne nous permettent pas toujours d'accéder à cette faculté que certains peuvent avoir dans l'expression de leur ressenti, sans gêne ni maladresse. Combien de fois n'avons-nous pas entendu, enfant, résonner le blâme du « un garçon, ça ne pleure pas », « si tu veux réussir tu dois te montrer fort », sous-entendu exprimer une émotion révèle une faiblesse. Certes ce n'est pas une généralité, mais l'opportunité d'apprendre à connaître, reconnaître et exprimer une émotion ne fait pas partie des principes d'éducation ou de formation de notre civilisation.

À bien y réfléchir, c'est probablement une grosse lacune de notre système éducatif. L'émotion est au cœur de nos échanges avec l'autre et ce, dès notre plus jeune âge, et jamais quiconque nous a dit « Tiens, connais-tu les émotions, sais-tu les nommer ? Comment s'expriment-elles chez toi ? Sais-tu les comprendre au travers du comportement de ceux qui t'entourent ? ». Non, jamais personne ne nous a proposé une quelconque lecture de nos réactions émotionnelles. Chacun est livré à lui-même et doit apprendre à se débrouiller. Tant pis si nous commettons des maladresses, si nous blessons les autres, si nous renforçons la tristesse de quelqu'un alors que nous pensions le consoler, etc. C'est en ce sens que je considère que nous sommes tous des « bricoleurs de nos émotions ». Une « Université de l'émotion » pourrait rendre des services utiles à toute une génération d'hommes et de femmes qui sont autant à l'aise avec leurs émotions qu'une poule avec un couteau !

L'intérêt du principe de « la spirale vertueuse », c'est qu'il nous permet d'exprimer nos sentiments de façon à ce que nos émotions enrichissent notre capacité de dialogue et d'échanges. Dans l'hypothèse de conflits, l'application de ce principe permet à chacune des parties une sortie par le haut.

À l'inverse, « le cercle vicieux » nuit au dialogue. Il est de nature à clore toute conversation ou à l'envenimer. C'est parfois pathétique ou triste, car c'est seulement après qu'on se dit en ruminant qu'il devait bien y avoir une manière de résoudre le problème ou une autre manière de faire…

La figure 4.1 donne un schéma de présentation de ces deux principes.

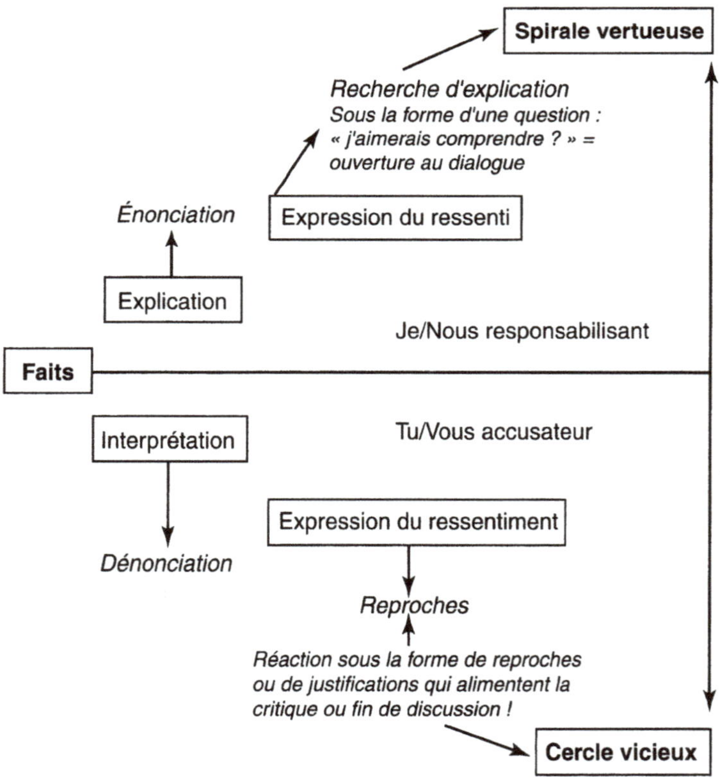

Figure 4.1 – Spirale vertueuse et cercle vicieux

Un ou plusieurs faits se produisent. Deux possibilités :

La mauvaise ou plutôt la moins utile, celle du cercle vicieux. Cela passe par le TU ou le VOUS accusateur. « Tu n'as pas compris », « vous êtes dans l'erreur », etc. Nous sommes là dans le registre de l'accusation, des reproches. Cette argumentation va constituer une forme de dénonciation, provoquer du ressentiment et, automatiquement, la personne accusée va vouloir se justifier ou se taire, se rétracter. Elle se sent potentiellement coupable, c'est logique. En faisant cela, elle court pourtant le risque d'attirer d'autres reproches encore en donnant prise à des accusations additionnelles.

– Tu n'as rien compris.

– Si, j'ai fait ce que tu m'as demandé.

– Non, c'est bien ce que je dis, si tu m'avais écouté, tu n'aurais pas fait ça.

– Mais je t'ai écouté !

– Ah bon, et tu peux me dire, alors pourquoi tu as fait cette erreur ?

– En fait, j'étais préoccupé…

– Tu vois, c'est bien ce que je dis, tu n'as pas écouté

et ainsi de suite…

La bonne ou la plus utile, celle de la spirale vertueuse. On passe du TU pourfendeur au JE responsabilisant. On se retrouve, cette fois, dans le registre de l'explication (et non de la justification), du ressenti (et non du ressentiment), de l'énonciation et non de la dénonciation !

– J'ai l'impression de ne pas avoir été compris dans ma demande.

– Si, j'ai fait ce que tu m'as demandé.

– Je me suis peut-être mal expliqué et je suis vraiment déçu du résultat, mais mes consignes n'étaient peut-être pas claires ?

– Si si, je crois t'avoir bien écouté !

– Bon. Comment aurions-nous pu faire pour que le résultat soit conforme à mes attentes ?

– Je sais pas, peut-être en rediscuter, reformuler ta demande pour être sûr que ce soit bien compris.

– Ça me parait être une bonne idée. Je suis d'accord ! Et je compte sur toi.

et ainsi de suite…

Prenons un exemple plus détaillé, et sans doute plus évocateur et représentatif de la différence de résultat d'un mode par rapport à l'autre.

Bernard est un nouveau directeur commercial. Il a deux mois de présence dans cette entreprise. Son directeur général, en cette fin d'année, le convoque dans son bureau pour lui annoncer qu'il a pris la décision compte tenu des résultats de l'entreprise d'augmenter la rémunération de toute la force commerciale. Chaque commercial terrain bénéficie d'une augmentation de 10 % ! Et à ce titre, lui le nouveau directeur commercial bénéficie du même traitement. Il n'y a pas de raison…

Comment réagirait Bernard selon le principe du « cercle vicieux » ?

Le Boss – … et donc j'ai pris la même décision vous concernant, vous bénéficiez aussi d'une augmentation de 10 % ! D'ailleurs, un courrier nominatif destiné à toute personne concernée est parti ce jour pour annoncer la nouvelle.

Directeur Commercial – Ok, c'est gentil, mais là j'aimerais comprendre ? À quoi je sers, moi, dans cette entreprise si des décisions de ce type, aussi importantes que la rémunération ne sont même pas de mon ressort ?! Vous voulez me discréditer aux yeux de mes équipes ? *(Interprétation + dénonciation : « vous » accusateur)*

L.B. – Mais non voyons !

D.C. – C'est à croire ! Ça fait deux mois que je suis là et vous vous adressez directement à mes équipes sans me tenir au courant, vous me court-circuitez là ! *(Reproche : « vous » accusateur)* Qu'est-ce qu'ils vont se dire ?

L.B. – Calmez-vous Bernard ! Cessez cette colère et comportez-vous plutôt en adulte ! *(Reproche)*

D.C. – Et le courrier que vous avez fait partir ? C'est vous le signataire, n'est-ce pas ? Comment voulez-vous qu'ils voient en moi un Chef si vous m'empêchez de jouer mon rôle ! *(Interprétation + reproche + expression du ressentiment)*

L.B. – Attendez Bernard ! Cessez ce procès d'intention. Il y a deux mois, quand vous êtes rentré dans la boîte, je vous ai dit que le dossier des rémunérations était prioritaire. En deux mois, rien, nada, aucune proposition de votre part. J'ai donc pris les devants. C'est tout ! *(Justification + Reproche)*

D.C. – Attendez ! Aucune info n'est présente sur le serveur concernant l'historique des rémunérations. Comment voulez-vous que je m'y prenne ? Que j'invente des chiffres ? Ça moi, je sais pas faire ! *(Dénonciation + justification + reproche)*

L.B. – Bon, je crois que la conversation est terminée pour aujourd'hui ! J'ai une réunion qui m'attend. On se verra au prochain comité de direction.

À ce stade, je vous laisse deviner l'état d'énervement des deux protagonistes. Chacun ruminant dans son coin les inepties qu'il se jurera d'avoir entendu. Il deviendra alors plus délicat de construire une relation professionnelle fondée sur la confiance et la cohésion, et des relations de défiance pourront naître de cette première altercation. La fin probable est qu'un jour le directeur général en vienne à se séparer de ce collaborateur pour « incompatibilité d'humeur… » ou que Bernard démissionne sous le prétexte que son boss est un manager incapable de faire confiance et déléguer.

Rembobinons et reprenons depuis le début. Comment réagirait Bernard selon le principe de la « spirale vertueuse » ?

Le Boss – … et donc j'ai pris la même décision vous concernant, vous bénéficiez aussi d'une augmentation de 10 % ! D'ailleurs, un courrier nominatif destiné à toute personne concernée est parti ce jour pour annoncer la nouvelle.

Directeur Commercial – J'en suis ravi ! Ce sera sans aucun doute une bonne nouvelle pour l'ensemble de l'équipe. J'ai envie en même temps de vous faire part de ma surprise !

L.B. – C'est-à-dire ?

D.C. – Je considère que le thème de la rémunération est au cœur de la politique managériale d'une équipe de commerciaux, et en tant que jeune directeur commercial dans l'entreprise, j'aurai été fier de travailler sur ce dossier avec vous et être impliqué dans ce processus de décision. *(Explication : « je » responsabilisant)*

L.B. – C'est vrai, je comprends…

D.C. – De fait, je suis surpris et peiné de ne pas pouvoir jouer ce rôle qui me semble particulièrement important et constituer un facteur favorable d'intégration et de légitimité managériale. J'aimerai simplement comprendre. *(Énonciation + expression du ressenti + ouverture au dialogue)*

L.B. – Hmm, hmm, je vois. Vous avez sans doute raison… Je n'avais pas vu les choses ainsi et je vous remercie de m'en faire part avec simplicité. Je vous propose la chose suivante. Au prochain comité de direction, j'introduis le sujet de la rémunération et vous propose de présenter ensuite aux commerciaux le modèle d'intéressement sur lequel nous pourrons travailler ensemble d'ici là. Qu'en pensez-vous ?

D.C. – Je vous remercie, ça me paraît une excellente idée et suis ravi de pouvoir bénéficier de votre soutien.

Évidemment, présenté tel quel, ça peut paraître soit trop simpliste, soit vraiment pas si simple à dire…

Ce n'est pas du premier coup qu'on arrive à exploiter les vertus de la spirale vertueuse, mais peu à peu, en s'exerçant, on mesure pas à pas les bénéfices de ce principe.

On s'améliore, d'abord dans l'après-coup, ensuite en temps réel, au départ de façon hyper réfléchie puis de manière de plus en plus naturelle.

L'utilité de l'application de ce principe d'expression de ses émotions est telle que l'on ressent une émotion particulière lorsque les résultats obtenus sont à la hauteur des attentes et des envies.

Examinons ensemble les bénéfices que vous pouvez en retirer dans votre vie tant professionnelle que personnelle.

Je vous présente Henri. Il est manager et il a 35 ans.

Partie

II

ET DANS LA VIE DE TOUS LES JOURS ? ILLUSTRATIONS PAR DES CAS PRATIQUES

OUUiiiiUUU !!
J'ai juste fait pipi !
Il a mal où ?
non, non !!! il a faim !
JUSTE UNE VIE D'INCOMPREHENSION...

5

DANS MA VIE PROFESSIONNELLE

LE MANAGER ET LES FÉLICITATIONS

Henri est un manager de 35 ans. Il encadre une petite équipe de techniciens et cadres techniques dans un environnement industriel.

Henri exprime une frustration liée au fait qu'il ne sent pas très à l'aise dans le management d'équipe et témoigne de la faible adhésion de son équipe à son égard.

Henri – Je constate que les personnes ne sont pas très enthousiastes et qu'elles mettent du temps à réaliser les tâches que je leur confie.

Le coach – comment vous y prenez-vous pour motiver votre équipe ?

H – Je les encourage et les félicite.

C – Vous pourriez me donner un exemple ?

H – Là, non je ne vois pas…

C – D'ici le prochain rendez-vous, je vous propose d'essayer de trouver une situation qui vous permettra de féliciter quelqu'un de votre entourage.

Au rendez-vous suivant, Henri arrive le sourire aux lèvres et exprime d'emblée sa satisfaction d'avoir pu « féliciter » quelqu'un.

C – Alors, qui avez-vous félicité ?

H – Ma femme !

C – Personne au sein de votre travail ? Bon, d'accord et que lui avez-vous dit ?

H – « Bravo, tu t'es enfin décidée à aller chez ton médecin ».

Henri note la phrase au paper board et la relit attentivement. Il m'indique que le mot « bravo » est bien une félicitation. Je lui demande le sens du mot « enfin » ; il ajoute qu'« il y a peut-être effectivement un ton de reproche dans le enfin ! » et se justifie en signalant que ce rendez-vous avec ce médecin aurait dû être pris depuis plusieurs semaines.

Il constate au cours de la conversation que la plupart de ses félicitations sont ponctuées simultanément d'un reproche, tant d'ailleurs dans son rôle éducatif auprès de ses enfants que vis-à-vis de ses collaborateurs directs au travail.

Il exprime également qu'il ne se « sent pas de féliciter complètement les gens de peur qu'ils ne se laissent aller ».

La PEUR qu'il exprime est liée au modèle éducatif qui a été le sien. Jamais, ses propres parents ne l'ont réellement félicité se remémore-t-il et il se souvient de cette phrase prononcée de nombreuses fois pendant sa propre scolarité : « tu ne dois pas te satisfaire de tes résultats ! Tu dois toujours penser que tu peux mieux faire ».

Cette injonction joue un rôle déterminant dans son propre rôle managérial. Il comprend qu'il ne peut tolérer de défaillance de la part de son équipe et que, pour éviter tout risque de relâchement, il se doit de se montrer extrêmement exigeant envers eux, comme « on » se l'est montré à son égard.

En posant sa Chaîne de Valeur Émotionnelle (CVE), il fait le constat suivant :

Peur → *Inquiétude* que son équipe se relâche → *Risque* de moindre performance collective.

Au plan des comportements : *Peur* → *Pseudo-Régulation* = *Évitement* des compliments et félicitations !

En définitive, Henri se rend compte qu'en voulant éviter une baisse de performance de l'équipe, ses comportements managériaux produisent l'effet inverse de celui escompté.

Ses collaborateurs ne se sentent pas réellement valorisés et voient leur motivation affectée. Ils se disent : « À quoi ça sert d'en faire autant, puisque de toute façon ça ne suffit jamais assez et qu'en plus, il n'est même pas capable de nous encourager… ».

Henri se rend compte qu'il lui faut se défaire de ses propres inquiétudes pour parvenir à féliciter ses équipes. Plus facile à dire qu'à faire…

En reprenant sa CVE, je lui pose la question selon le principe des « 5 pourquoi » :

C – Que se passerait-il si vous félicitiez les gens sans leur faire aucun reproche ?

H – Ça serait la catastrophe ! Non ?

C – Et alors ?

H – Ça me retomberait dessus !

C – C'est-à-dire ? On dirait quoi ?

H – Que je ne suis pas à la hauteur !

C – Et alors ?

H – Je serai mis à l'écart, peu à peu rejeté !

C – Et alors ?

H – Ben, je serai seul !

Au fur et à mesure, Henri met le doigt sur sa *Peur* intime, celle de se sentir potentiellement rejeté. Je lui demande quel sens cela peut avoir au regard de sa propre histoire. Il réalise que toute son enfance, il s'est senti « sous surveillance » et dans l'incapacité de relâcher son attention de *Peur* de perdre sa place d'enfant, bon élève, lui-même jamais pleinement satisfait de ses propres résultats.

En fait, il réalise que la question qu'il se pose au fond c'est : « que se passerait-il si j'échouais ? Conserverai-je quand même ma place dans la famille ? ». C'est en formalisant aussi précisément que possible cette question qu'il peut trouver la réponse dont il a besoin et mettre en œuvre les comportements de régulation typiques de la peur, à savoir : la *Réassurance*, mais évidement sur un plan symbolique.

Au plan du réel, il met déjà en œuvre des comportements de réassurance, utiles certes mais non suffisants, comme de se sentir indispensable (et donc soumis au rejet potentiel...) en conservant des informations dont il est le seul détenteur.

Au plan symbolique, il lui est donc nécessaire de se réassurer sur sa peur originelle et ce, auprès de ceux qui sont en mesure de le faire, à savoir ses parents. En définitive, il se pose une question : « si je ne me dépasse pas, serais-je quand même aimé ? ». Mais comment peut-il être rassuré tant qu'il n'exprime pas cette crainte aux yeux de ses proches ?

En appliquant le principe de la « spirale vertueuse », il entreprend d'en parler à ses parents, mais a besoin d'un certain temps pour se préparer à bien formuler sa question. En effet, immanquablement, il tente d'éviter cette rencontre tant dialoguer ainsi le confronte à nouveau à ce risque de ne pas être le fils à la hauteur, attendu !

Sa question, il décide de la formuler ainsi : « je me rends compte combien j'ai toujours été sensible à votre regard sur ma performance scolaire. J'ai toujours considéré que c'était le plus important pour vous et je n'avais pas envie de vous décevoir d'autant plus que j'ai toujours entendu dire 'tu réussiras si tu travailles et que tu ne dois pas te satisfaire de tes résultats ! Tu peux toujours mieux faire'. Je me rends compte combien je considérais que c'était la seule issue que j'avais pour être aimé par vous. En fait, j'en ai probablement souffert car du coup je n'ai jamais eu la certitude de votre amour, car un bon résultat n'est jamais acquis et j'en ai conclu la même chose de vos sentiments, ils ne sont jamais acquis ! Voilà, je voulais vous le dire, je n'ai jamais osé le faire mais finalement je me pose toujours la question et j'ai envie de connaître votre point de vue. Qu'en pensez-vous ? ».

La réponse a été claire et nette. Ses parents l'ont rassuré en lui exprimant d'abord leur surprise, du fait qu'ils n'ont jamais eu conscience de sa « peur » et qu'il aurait dû en parler bien avant ! Ils lui ont affirmé leur amour et l'ont démontré en le serrant dans leurs bras et en lui disant clairement « nous t'aimons ».

Ce fut un moment d'intense émotion pour Henri et il a senti un profond soulagement s'opérer en lui. Depuis, il est capable de produire de simples félicitations à son entourage professionnel sans imaginer qu'il se mette en danger de perte d'autorité potentielle. Ses équipes lui ont d'ailleurs manifesté ce changement et l'ont félicité. Il a découvert qu'il était également désormais capable d'entendre des félicitations sans se sentir mal à l'aise.

Il a gagné très sensiblement depuis en confort managérial et en reconnaissance de la part de son équipe.

LE MANAGER HYPER EXIGEANT

Stéphane est un manager de 39 ans. Il encadre une équipe de commerciaux dans un environnement qui mêle la mode et les technologies.

Stéphane est un homme au tempérament nerveux. Il est toujours hyper actif et le repos ou la contemplation constituent des moments ou des situations avec lesquels il n'est pas du tout à l'aise. Reconnu et apprécié par ses troupes, il souhaite bénéficier d'un coaching car il se rend compte que le climat est un peu tendu avec ses équipes lesquelles, tout en le respectant, le craignent. Il lui est reproché par sa hiérarchie d'être « trop dur avec ses gars ».

Stéphane – Je suis nerveux, pas stressé, nerveux ! Mais peut-être que je stresse mon entourage.

Le coach – Ça veut dire quoi nerveux pour vous ?

S – Je peux pas m'empêcher d'avoir les idées qui fusent, j'ai l'impression que ça ne s'arrête jamais là haut et je ne peux pas rester sans rien faire. Même quand je dors, j'ai le sentiment que mon esprit est toujours sur le qui-vive !

C – C'est intéressant comme expression « être sur le qui-vive ». Ça veut dire quoi quand quelqu'un est sur le « qui-vive » ?

S – Qu'il se méfie, non ? Qu'il est prudent... Qu'en pensez-vous ?

C – Oui c'est une possibilité. Ce qui me fait réagir ce sont les mots eux-mêmes « qui-vive ». Ça vous confronte à quelle émotion à votre avis ?

Nous avions lors d'un échange précédent parlé des émotions et Stéphane était au clair avec les émotions, les sensations, sentiments, etc.

S – Je pense à la peur, mais je vois pas le lien entre ma nervosité et la peur.

C – Quelles sont les causes potentielles de la peur si on se réfère à la CVE ?

S – Il y a le danger, le risque ou la menace, c'est bien ça ?

C – Oui, oui. Et il y a quelque chose que vous craignez particulièrement ?

S – Non, justement, j'ai absolument peur de rien. Franchement, c'est vrai, j'ai pas de peur particulière. C'est comme si je n'avais aucune crainte. Mes amis ou mon entourage me le disent.

C – Comme les super héros ?

S – Ah vous m'avez reconnu... .

Stéphane rigole en me faisant cette boutade. Je décide alors d'orienter notre conversation sur le thème de son équipe.

C – À votre avis, pourquoi votre équipe réagit de la sorte ? Qu'est-ce que les gens vous disent ?

S – Ils me trouvent super exigeant. Je les saoule. Par exemple, ils me trouvent injuste parce que je ne veux pas leur accorder leur prime lorsque les résultats sont inférieurs même de 1 % au quota fixé. Ils disent qu'avec un autre manager ça ne se passerait pas comme ça ! Que voulez-vous ? Imaginez, vous touchez une prime si vous faites plus de 80 % des objectifs. Il y en a un qui obtient 78 % et qui se plaint de ne pas toucher sa prime. Si j'accepte, celui à 76 % il va trouver ça injuste aussi, alors on en finirait plus ! Donc c'est vrai que, pour ceux qui sont près des limites, c'est dur, mais c'est la règle. Il n'y a pas de raison. Je me montre donc intransigeant sur ce point. Mais de toute façon, aujourd'hui les jeunes commerciaux considèrent que tout leur est dû ! Ils arrivent, c'est tout de suite une rémunération élevée, des avantages, une assistante, etc.

C – C'est étonnant, je vous sens irrité d'en parler.

S – Ben oui ! Ça m'agace.

C – Et pourquoi ça vous agace autant ? Vous, au même âge, vous n'auriez pas souhaité bénéficier des mêmes avantages ?

S – J'ai justement beaucoup galéré et jamais considéré que les choses étaient normales. Je me suis battu. J'ai financé mes études supérieures, j'ai rien demandé à mes parents. Aujourd'hui, ces jeunes, ils trouvent normal de sortir d'écoles qui coûtent très cher à leurs parents…

Stéphane s'exprime à cet instant avec beaucoup d'entrain, voire d'agressivité. Je le lui fais remarquer en lui demandant quelle est l'émotion qui le submerge.

S – La colère, je crois que ça se voit !

C – Et pourquoi cette colère ? Si on s'en réfère à la CVE, ça veut dire que vous avez vécu vous-même un préjudice ?

S – Non, je me suis débrouillé seul c'est tout ! C'est pas leur faute si mes parents ne pouvaient pas me financer des hautes études.

C – Ils le savent que vous regrettez de ne pas avoir fait une école plus « prestigieuse » ?

S – Non, pourquoi, ça servirait à quoi ! Si ce n'est leur faire de la peine.

C – En quoi ça leur ferait de la peine ?

S – Ils pourraient se sentir responsables ! Ça sert à rien.

C – Donc, si on en revient à l'origine de la discussion, je vous propose qu'on approfondisse ensemble les choses selon la CVE. Vous voulez bien ?

S – Bien sûr.

En posant sa Chaîne de Valeur Émotionnelle (CVE), il fait le constat suivant :

Colère → *Injustice* : les jeunes commerciaux, tout leur est dû → *Préjudice* : Je n'ai pas fait d'études aussi prestigieuses et n'ai pas eu autant de facilités.

Colère → *Pseudo-régulation* = *Opposition active* : « Je ne vais pas céder à toutes leurs demandes »

En définitive, Stéphane comprend bien qu'il peut paraître excessif à certains égards. Toutefois, il en fait aussi une question de valeur morale et considère utile d'imposer des limites fermes.

Ses collaborateurs voudraient sentir chez lui plus de souplesse et ne pas se trouver confrontés à des réactions parfois vives.

Stéphane au fond se dit qu'il n'a pas eu la même chance que certains. Qu'il a toujours donné le maximum pour évoluer et qu'il ne doit rien à personne. En même temps, il réalise qu'il ne veut pas qu'on se méprenne à son égard et qu'on considère que ça a été facile pour lui.

En reprenant sa CVE, je lui pose la question :

C – Que voulez-vous dire en disant « je veux pas qu'on croie que ça a été facile pour moi » ?

S – Ben oui, ce que j'ai, je le mérite. Mon salaire, ma voiture, mes avantages. Mais je ne la ramène pas. Que ce soient mes parents, mes amis, on en parle jamais. À la limite, ils ne savent même pas ce que je fais ni quelle est ma rémunération. Aucun signe apparent !

C – C'est-à-dire, on dirait que vous le cachez ?

S – Non, mais j'en parle pas !

C – Pour quelles raisons ?

S – Je sais pas ! J'ai pas envie. On n'avait pas grand-chose quand j'étais petit et je veux pas afficher ma réussite.

C – Je suis curieux de savoir quel sentiment on ressent quand on cache les choses ? Pourquoi on fait ça ?

S – Parce que on en n'a pas envie !

C – Imaginez. Pourquoi quelqu'un peut vouloir cacher aux autres quelque chose ?

S – Peut-être qu'il se sent pas fier, ou honteux ?

C – Je ne sais pas… vous-même, vous pourriez vous sentir honteux ? Honteux de gagner de l'argent par exemple ?

Stéphane fait le constat qu'effectivement, il veut épargner à ses parents sa réussite, son niveau de vie, son aisance financière et son haut niveau de responsabilité professionnelle. Comme s'il ne le méritait pas au regard de la condition sociale de ses parents. Il réalise qu'il a *Peur* de leur faire de la peine car eux, « ils n'ont pas eu grand-chose ! ».

En fait, il réalise qu'il ne veut pas passer pour quelqu'un qu'il n'est pas. En reprenant la discussion, celle-ci prend une nouvelle orientation.

C – Que se passerait-il si on vous prenait pour quelqu'un d'autre ?

S – On pourrait dire que je ne suis pas à ma place. Que je suis une sorte d'imposteur.

C – C'est de cela dont vous avez peur ?

S – Sans doute ! Ce qui est drôle c'est que c'est dans les deux sens...

C – C'est-à-dire ?

S – Chez moi, on pourrait découvrir que je suis un privilégié... et au bureau, que je viens d'une origine sociale modeste. C'est comme s'il y avait deux Stéphane en sorte.

C – Oui c'est ça. On pourrait le voir comme ça. Et donc vous pseudo-régulez des deux côtés...

S – Qu'est-ce que je pourrais faire d'autre ?

C – Faire coexister les deux Stéphane ?

S – Je sais pas si c'est possible. Comment m'y prendre ?

C – Il faudrait comprendre pourquoi vous vous vivez comme un imposteur ? Vous en avez une idée ?

S – ...

C – Il y a quelque chose dans votre histoire qui peut vous inciter à penser cela ?

Stéphane décide à cet instant de me faire un aveu. Il me raconte que ses parents ont toujours voulu deux enfants. Ils ont effectivement eu un garçon puis une fille. Puis la jeune fille décède en pleine nuit alors qu'elle n'a que quelques mois. Les parents s'occupent du décès de leur fille et le frère aîné constate la disparition de sa sœur, mais aucune indication ou explication ne lui est fournie. Il a deux ans, ne semble pas poser de questions. Les parents tente de refaire un enfant, c'est là que Stéphane vient au monde ...

Il m'exprime ce drame de la vie de ses parents en réalisant le lien qu'il peut faire entre cette histoire et son vécu d'imposture. Il reformule les choses en disant « j'ai pris la place de ma sœur. Si je suis vivant c'est parce qu'elle est morte ! Comment puis-je me sentir légitime à ma place.

Je lui conseille de travailler avec un thérapeute s'il souhaite approfondir cette question. En revanche, je lui propose de continuer l'analyse de sa CVE au regard de cette histoire.

Il sait qu'il n'a jamais eu aucune explication sur les raisons du décès de sa sœur qu'il n'a pas connue car le corps médical n'a pu en fournir aucune valable. Il n'y a d'ailleurs aucune photo d'elle nulle part.

C – Qu'est-ce que cela vous évoque, le fait qu'il n'y ai aucun témoignage de sa courte présence ?

S – A-t-elle vraiment existé ? Ça j'en suis sûr. Mes parents sont trop prudents avec mes propres enfants pour ne pas le sentir ou en être persuadé. Avec nous aussi, ils ont été toujours hyper attentifs.

C – Normal, non ? Ayant perdu un enfant en plein sommeil, c'est légitime. Ils sont comment comme parents ?

S – Anxieux ! Essayant de tout organiser, de tout prévoir.

C – Vous faites un lien entre leur caractère et le vôtre ?

S – Pourquoi vous dîtes ça ?

C – Vous avez dit tout à l'heure, « même la nuit je suis sur le qui-vive ». J'ai le sentiment de l'entendre d'une autre oreille désormais cette petite phrase.

S – …

C – Vous en pensez quoi ?

S – Vous croyez que ça peut venir de là ?

C – Soyez plus précis.

S – Vous pensez que c'est cette histoire qui peut me rendre toujours nerveux ?

C – Si on fait cette hypothèse, qu'est-ce que cela pourrait représenter ?

Stéphane fait alors le lien entre sa nervosité et cette phrase « être sur le qui-vive » qu'il relit à la lumière de ce drame familial. Il comprend alors que sa colère est celle de n'avoir pas été réellement mis au courant de ce qui s'est passé. Et au-delà de cette colère, cette peur qui, sans explication, lui impose de rester sur le « qui-vive »... Nous avons vu que Stéphane a aussi pris conscience que, d'une certaine manière, il doit à la mort de sa sœur le fait d'être, lui, bel et bien vivant. Toutefois, dans le cadre de l'accompagnement convenu entre nous, cette dimension relève d'avantage d'une blessure, donc d'une souffrance que la thérapie est à même de soigner. En coaching émotionnel, nous nous attardons surtout à la manière dont les émotions freinent ou parasitent le développement d'un potentiel. En l'occurrence, pour Stéphane, la capacité à entrer en relation avec ses équipes de production vente.

FAIT POUR ÊTRE N° 2 !

Simon est un manager de 45 ans. Il est le N° 2 d'une entreprise régionale importante, filiale d'un groupe implanté dans les principales régions françaises.

Simon est un homme de devoir. Il est organisé, particulièrement sérieux, droit et fidèle. Il a fait quasiment toute sa carrière dans le même groupe et a grandi avec lui.

Au cours de l'un de nos échanges, il m'exprime le fait qu'il est persuadé que c'est un homme de l'ombre. Un vrai N° 2 ! Sur qui l'on peut compter, sans défaillance.

Le coach – N° 2 ? Qu'est-ce qui vous penser ça ?

Simon – Je n'ai pas l'audace ni l'aplomb pour m'affirmer !

C – Vous auriez envie d'être un N° 1 ?

S – La question ne se pose pas, vous savez.

C – Vous pourriez me donner des exemples de ce qui fait de vous un N° 2 plutôt qu'un N° 1 ?

Simon me décrit que, dans ses rapports avec le N° 1, il est sans doute trop respectueux de la hiérarchie. Qu'il se montre au service de son patron, particulièrement dévoué, pouvant même aller jusqu'à renoncer à des choses importantes mais se sentant dans l'incapacité d'exprimer toute sa pensée.

C – Vous pouvez me donner un exemple ?

S – Il n'y a pas très très longtemps, j'étais en charge d'une étude importante pour notre unité régionale. J'ai beaucoup travaillé, vraiment de longues heures sur ce dossier. Je l'ai transmis à mon patron. Il l'a relu attentivement et lorsqu'il la adressé aux actionnaires après quelques ajouts, il a signé le rapport de son nom.

C – Comment vous avez réagi ?

S – J'ai rien dit. Que vouliez vous que je dise ? Que j'en étais l'auteur et non le signataire ? C'est ridicule, non ?

C – Vous vous êtes dit quoi ?

S – Je me suis dit que c'était fou d'accepter de voir mon nom effacé d'un document que j'avais moi-même écrit !

C – Vous avez exprimé ou réagit d'une façon particulière ?

S – Non, j'ai rien dit.

C – Qu'auriez-vous aimé dire ?

S – Je sais pas...

C – Que se passerait-il si on vous décrivait une scène similaire ?

S – Je trouverais ça sans doute révoltant !

C – Et quand ça vous concerne vous ne trouvez pas ça révoltant comme vous dîtes ?

S – ...

C –Vous vous révoltez des fois ?

S : C'est pas mon genre !

Simon m'explique qu'il ne s'est jamais révolté pour quoi que ce soit. Nous faisons ensemble une approche sur le thème des émotions et Simon se trouve dans l'incapacité d'identifier seul la colère. Une fois nommée, il me dit qu'il ne s'est jamais mis en colère. Qu'en revanche, il reconnaît plus simplement la peur comme une émotion présente chez lui. Notamment dans ses échanges professionnels. Il se reconnaît dans des conduites d'évitement ou de fuite en avant lorsque je pose sur le paper board les comportements de pseudo-régulation de la CVE de la peur. En travaillant sur la peur, il m'indique que sa principale peur, c'est sans doute celle qui l'incite à ne pas dire ce qu'il pense, surtout lorsqu'il n'est pas d'accord et ainsi, ça lui évite d'être confronté à des conflits. J'en reviens alors à l'exemple qu'il avait évoqué en début d'entretien.

C – Si on reparle de l'histoire que vous m'avez décrite concernant la signature ? Au fond, à la lecture de la CVE de la peur et de la colère, vous considérez que c'est laquelle qui est la plus forte au fond ?

S – Euh... C'est la colère non ?

C–Vous croyez ?

S – Il me semble. Si on regarde les sentiments, j'ai plus ressenti d'injustice que d'inquiétude.

C – Probablement. Et quel serait alors le préjudice ?

S – Celui d'être dépossédé de ma signature. En fait c'est comme si j'avais perdu mon nom...

Simon, alors qu'il parle d'un événement que l'on pourrait qualifier *a minima* de contrariant reste d'un calme absolu. Je le lui fait remarquer et me confirme qu'il n'est vraiment pas du genre à s'énerver.

En posant sa Chaîne de Valeur Émotionnelle (CVE), il fait le constat suivant :

Colère → *Injustice* : faire un travail long et fastidieux qui ne lui vaut aucune reconnaissance → *Préjudice* : voir sa signature disparaître au bas du document.

Colère → *Pseudo-régulation* = *Opposition passive* : « La prochaine fois, je remettrais moi-même les documents aux destinataires, même si ce n'est pas demandé… »

Simon regarde du côté des comportements de régulation. Il m'affirme se sentir incapable de demander une quelconque réparation.

En reprenant sa CVE, j'entame avec lui la démarche des 5 pourquoi :

C – Pourquoi, qu'est-ce qui pourrait se passer si vous le faisiez ?

S – Si je disais ce que je pense ? On pourrait me le reprocher !

C – Oui et alors ?

S – …

C – Qu'est-ce que ressent quelqu'un à qui on fait des reproches ? Ça veut dire quoi ?

S – Je sais pas ! Qu'il n'est pas à la hauteur, sans doute.

C – Et que se passe-t-il quand quelqu'un n'est pas à la hauteur ?

S – On le laisse de côté, je ne sais pas. On lui demande de faire les efforts nécessaires.

C – Et si jamais il n'y arrive pas ?

S – On le garde pas ?

C – Ça veut dire ?

S – Qu'on s'en sépare. Qu'il se fait licencier…

Simon fait le constat que sa crainte dominante est de ne pas être à la hauteur et de se sentir rejeté. Je lui demande alors, puisque nous venons de comprendre la cause actuelle de ses comportements de pseudo-régulation, à quelle cause originelle ça peut être lié. Je lui demande encore si quelque chose dans son histoire lui évoque le fait de s'être senti rejeté ? Et si éventuellement ça pouvait avoir quelque chose à voir avec une quelconque injustice.

S – En fait, je suis le deuxième fils d'un père agriculteur ...

C – Oui et alors ?

Simon m'exprime alors qu'en tant que second fils, c'est son frère aîné qui a hérité de la ferme agricole. Lui, il a quitté la ferme et s'est acheté un appartement dans le village. À chacune des vacances, il est revenu au village, et ce depuis plus de vingt ans. Son frère a conservé et développé la ferme.

Je lui demande comment il a vécu cette situation. Il sent bien qu'il s'est senti lui-même rejeté, mais qu'il n'a jamais rien dit à quiconque et qu'il a accepté ces circonstances sans exprimer une quelconque révolte.

Je lui fais remarquer la similitude des mécanismes entre l'histoire du document sans sa signature et cet épisode de sa vie qui finalement dure depuis longtemps.

Il regarde la CVE et se demande alors comment il pourrait bien demander réparation, jugeant que de toute façon c'était trop tard et qu'il n'allait pas récupérer la ferme, d'autant qu'il n'a maintenant aucune compétence pour l'assumer.

C – Qu'est-ce qui est le plus important pour vous ? Que la ferme soit partagée entre votre frère et vous ou que ce que vous avez vécu comme un préjudice soit reconnu ?

S – La ferme ? Non, non.

C – Et votre père est au courant du préjudice que vous avez vécu ?

S – Je n'en sais rien. Je ne lui ai en tout cas jamais parlé.

C – Et si vous le faisiez ?

S – …

Nous évoquons alors le principe de la spirale vertueuse et du cercle vicieux (tableau 5.1).

Tableau 5.1 – Exercice du cercle et de la spirale : demande de réparation (Simon)

Du cercle vicieux…	… à la spirale vertueuse
Tu pourrais m'avoir demandé ce que j'en pensais à l'époque que la ferme soit d'emblée allée à mon frère. En fait c'est à se demander si tu n'en avais pas rien à faire de moi. Tu m'as simplement exclu de la ferme, mais tu aurais dû comprendre qu'en achetant l'appartement pas loin je te montrais que j'étais toujours là ! C'est injuste que tu aies avantagé un de tes fils au détriment de l'autre…	Je me rends compte que j'ai été sans doute vexé que la ferme soit attribuée exclusivement à mon frère. J'aurais été content que la proposition me soit faite de savoir si ça m'intéressait, car à l'époque je l'ai vraiment vécu et ressenti comme si j'étais rejeté. Mais ce qui est le plus étonnant, c'est d'avoir attendu autant de temps pour faire part de la tristesse que j'ai eu à cette époque. En fait en parlant de ça, j'ai simplement envie de comprendre pourquoi ça s'est passé ainsi ?

Simon ne se sent pas d'emblée capable d'exprimer les choses selon le principe de la spirale vertueuse. Mais lors d'une séance suivante, il m'explique qu'il a trouvé le bon moment pour en parler, qu'il redoutait certes la réaction de ses parents mais qu'il a eu une réponse à sa question. Il a d'ailleurs été surpris de l'incrédulité de ses parents qui ne s'en sont jamais douté tellement, d'après eux, il n'avait manifesté aucune demande concernant le fait de reprendre avec son frère la ferme et que ses parents avaient voulu le laisser libre de choisir…

En obtenant cette réponse, il a aussi obtenu une certaine forme de réparation lorsque ses parents se sont montrés désolés, lui proposant d'en discuter en famille avec son frère pour voir comment faire quelque chose. Simon s'est senti « réparé ».

Dans une certaine mesure, il a également recouvré sa liberté dans le sens où il a mis en vente son appartement situé pas très loin de la ferme. Il s'est acheté un camping car pour arpenter les routes en toute indépendance…

Ce qui est intéressant dans cet exemple, c'est que nous assistons au phénomène de pseudo-régulation de la colère par la peur. En schématisant, Simon évitait tout conflit par peur de se mettre en colère. En régulant sa colère, grâce au fait de parler de son préjudice initial, il a pu se défaire de sa peur…

Il y a quelque chose désormais d'un futur N° 1 dans ce N° 2…

6

DANS MA VIE PRIVÉE

LA COLÈRE DE KARINE…

Karine a une trentaine d'années. Elle m'est adressée par un confrère qui « n'avance plus avec elle ». Connaissant mon travail sur le thème de la CVE, il me demande de travailler avec elle au sujet de ses émotions. Elle est intermittente du spectacle. Au moment où elle et ses collègues menaient une bataille acharnée contre les pouvoirs publics pour obtenir une reconnaissance de leur statut et des compensations associées à la précarité de leur situation professionnelle, Karine explose ! « J'en ai plus qu'assez ! On se décarcasse pour assurer et jamais on ne nous apprécie. »

En entendant cela, J'ai le sentiment que Karine dit probablement autre chose quand elle réagit ainsi.

Le coach – Je comprends que vous soyez en colère, mais est-ce qu'il pourrait y avoir autre chose ?

Karine – Que voulez-vous qu'il y ait ? En fait, on ne nous aime pas, on a beau faire, on agace, ce n'est jamais assez.

C – Assez pour quoi ?

K – Pour qu'on nous accepte, qu'on nous reconnaisse.

C – Cessons un instant, si vous voulez bien, de parler de « on », de « nous » et parlez à la première personne comme si vous pouviez personnellement être concernée. Ça vous va ?

Karine est un peu décontenancée par ma proposition, mais elle accepte de se prêter à l'exercice.

K – Je suis découragée. Je fais tout pour faire plaisir à tout le monde, au boulot, dans ma vie personnelle et j'ai l'impression que ce n'est jamais assez.

C – Assez pour quoi ?

K – Comme je vous disais : assez pour qu'on m'accepte, que je me sente la bienvenue sur un plateau par exemple ou dans ma famille ou avec quelques-uns de mes amis.

C – Ça vous arrive de ne pas vous sentir la bienvenue ? Accueillie ?

K – Si, si. En fait d'autres pourraient peut-être juger que je suis accueillie mais moi, je n'en ai pas réellement l'impression.

C – Alors ?

K – Je veux dire… j'ai l'impression qu'on ne m'aime pas. Et ce n'est pas faute de tout faire pour tenter de faire plaisir, comme je vous le disais. Mais apparemment ça ne marche pas si bien…

En invitant Karine à clarifier le sens de ses mots, je lui demande s'il lui arrive de s'opposer, de dire simplement « non ! ». Elle réalise alors qu'elle ne dit jamais « non ! ». Même quand c'est au prix d'efforts surhumains, elle déploie des trésors d'énergie pour faire plaisir. Qu'exprime ce besoin apparemment aigu ? Afin d'aider Karine à être plus précise, je recours à la technique habituelle des 5 P, les 5 pourquoi, maintenant vous la connaissez. D'ailleurs, j'en profite pour vous inviter à l'employer pour vous-même, quand vous avez un doute sur un malaise latent ou manifeste que vous éprouvez. Vous verrez, c'est souvent très efficace.

C – Pourquoi ne dites-vous jamais « non » quand on vous demande quelque chose ?

K – Parce que j'ai peur de contrarier la personne.

C – Pourquoi avez-vous peur de contrarier celui ou celle qui vous sollicite ?

K – Parce que ça nuirait à notre relation ou au travail, ou dans la vie sociale ou dans mon couple.

C – Et pourquoi croyez-vous cela ?

K – Si je ne fais pas ce qu'on me demande, je vais passer pour une fille désagréable, pas commode, pas facile à vivre. On ne voudra pas travailler avec moi ou me compter dans ses amies.

C – Et alors ?

K – C'est plus plaisant d'avoir à faire à une fille sympa, non ?

C – Et si vous n'étiez pas « sympa » que pourrait-il vous arriver ?

K – Je vois que rendre service c'est au fond pour qu'on m'aime. En fait, c'est ça la vérité.

C – Et si on ne vous aime pas ? Que peut-il se passer ?

Là, c'est le silence. Nous ne sommes sans doute pas arrivés au bout des 5P. Il est utile d'aller à son rythme et de respecter son silence. Ainsi donc, Karine veut « rendre service » pour qu'on l'aime se dit-elle.

La CVE de Karine :

Colère → *Injustice* → « Je suis corvéable à merci et pourtant, je n'ai pas l'impression qu'on s'en rende compte et qu'on m'aime pour cela. » C'est son préjudice. Elle fait tout pour être aimée pourtant...

Au plan des comportements de pseudo-régulation : *Colère* → *Opposition* et *agressivité* active ou passive.

Karine prend conscience du fait qu'elle passe son temps à démontrer qu'elle a tout pour être aimable... pour être aimée. Elle s'y use, elle y consomme une énergie incroyable dont elle aurait sans doute meilleur compte si elle en profitait pour elle-même. D'autant que ses comportements dérivent souvent vers l'opposition, voire l'agressivité.

C – En agissant ainsi, seriez-vous d'accord pour dire que vous cherchez à vous faire aimer toujours et de tout le monde ?

K – Oui.

C – Et vous croyez que c'est possible, dans la vie, d'être aimée de tous ?

K – Pour moi, c'est vital.

À ces mots, Karine poursuit : je dois vous dire que j'ai été abandonnée à ma naissance. Je suis née sous X. Dans ma tête, il est clair que si j'avais été vraiment aimable, ma mère m'aurait gardée. C'est logique, non ?

C : Logique ? Je n'en sais absolument rien ! C'est sans doute votre logique, mais d'autres personnes ayant vécu la même expérience n'ont probablement pas le même ressenti. Qu'en pensez-vous ?

K : Je ne sais pas !

C : Voulez-vous que nous approfondissions ensemble la CVE à l'aide de l'exploration des dimensions du réel, du symbolique et de l'imaginaire ?

K : Pourquoi pas ?

C : Quelle peut-être la cause réelle d'un abandon ?

K : Plein de choses, une fille mère qui ne peut garder son enfant car, dans son milieu, c'est l'avortement. Un viol et le rejet de l'enfant car il est synonyme de traumatisme, un nouveau conjoint qui refuse d'élever l'enfant d'une autre union. Je sais pas, il y a sans doute plein d'autres causes possibles…

C : Je suis d'accord avec vous. Que serait une cause imaginaire ?

K : Une princesse en captivité qui a été sauvée de la destruction de sa famille et de son royaume par des ennemis sanguinaires. C'est bien imaginaire ça, non ?

C : On dirait bien. Maintenant, si on applique les principes de la CVE, nous savons qu'une régulation tant au niveau du réel que de l'imaginaire ne serait pas suffisante. Peut-être utile, mais certainement insuffisante. Ce qui veut dire que la cause de l'abandon que vous évoquez n'aurait qu'une valeur symbolique. Pour vous, être abandonnée, ça signifie ne pas être aimable.

K – Oui, mais je vois pas où vous voulez en venir ?

C – Auprès de qui pour vous il est le plus important d'être aimable ?

K – Ben ma mère, enfin mes parents !!!

C – Lesquels ?

K – Comment ça lesquels ?

C – Vous parlez de vos parents adoptifs ou biologiques ?

K – Euh… (silence).

C – Si vous ne pouvez dans les faits être aimables auprès de vos parents biologiques, c'est auprès de qui que vous pouvez y arriver ?

K – Mes parents adoptifs ?

C – Je ne sais pas, c'est à vous de le dire ? En quoi, si cette hypothèse s'avère intéressante à approfondir, vous pensez ne pas être aimable aux yeux de vos parents adoptifs ?

K – Je ne sais pas, j'en ai jamais parlé. Enfin à eux…

C – Comment on fait pour savoir si on est aimable ?

K – Dans la vie ?

C – Quand vous ne savez pas quelque chose, qu'est-ce que vous faites ?

K – Je pose la question !

C – Vous l'avez posée ?

K – Non, ils m'en donnent la preuve tous les jours. Ils m'appellent, m'offrent des vacances, me rendent sans cesse des services.

C – Ça ce sont des preuves du réel ! Et au plan symbolique, comment savez-vous que vous êtes aimable ?

K – Là c'est quoi le symbolique ? La parole, c'est ça ? Enfin le dire ?

Karine constate qu'elle sait bien au fond qu'elle est aimable, donc aimée. Mais elle se rend bien compte aussi qu'elle ne l'entend pas. Que les mots ont ce pouvoir symbolique de représenter ce qu'ils sont censés dire. Or, c'est parfois si évident qu'on n'aurait pas besoin de le dire…

« C'est ce qu'enseigne la CVE. Le prouver c'est bien, le dire c'est mieux ! »

Avec la CVE, si l'on poursuit le raisonnement, on arrive à ceci :

Colère → *Reconnaissance* du préjudice (ce n'est donc plus l'abandon, mais s'entendre dire qu'on est aimé), demande de réparation.

C – Comment pouvez-vous obtenir réparation du préjudice subi, pour reprendre les mots de la CVE ?

K – En ayant une explication de ce qui s'est produit lors de mon adoption. Que j'ai ressenti n'être pas aimable et que probablement je ne l'ai pas assez entendu de la part de ma mère en particulier.

C – Que pouvez-vous mettre en œuvre pour cela ?

L – Une recherche pour savoir au moins si ma mère biologique est toujours en vie. C'est ça ?

C –Vous êtes sûre ? C'est du symbolique ou du réel ?

K – Du réel. Ah oui donc du symbolique… Ce serait de savoir si ma mère adoptive me trouve aimable, hein ?

C – Je vous laisse juge. Essayez cette piste, vous verrez si ç'est utile pour vous ?

K – À quoi cela servirait-il ? Pour peu que je sois déçue en découvrant ma mère, si tant est qu'elle soit vivante, vous voyez un peu le gouffre devant moi !!

Karine a du mal à envisager d'aller discuter de ce sujet avec sa mère. Elle sent que c'est un sujet aux frontières du tabou. Elle considère que ça pourrait peiner sa mère si elle lui posait la question.

Ce qui est intéressant, c'est que Karine a laissé mûrir un projet. De nos échanges, elle s'est donnée une sorte d'autorisation à ouvrir ce dossier. Est-ce qu'elle y songeait sans peut-être s'avouer qu'elle en brûlait d'envie ? Lors de l'entretien suivant, elle arrive et d'emblée aborde le sujet.

K – Ça y est, j'ai rempli un dossier.

C – C'est-à-dire ?

K – Un dossier pour retrouver ma mère. Mais j'ai peur, en fait. Ma colère a disparu. J'ai peur que ma mère soit morte, ou qu'elle ne veuille pas me voir ou qu'elle n'ai pas non plus entrepris de démarches en ce sens ou qu'elle soit indigente ou que sais-je encore...

C – Vos parents vous soutiennent dans cette démarche ?

K – Hum... Non, ils ne sont pas au courant.

C – Pourquoi ?

K – Ça leur ferait trop de peine.

C – La dernière fois, nous avions vu que vous vouliez éviter de leur faire de la peine si vous leur parliez des doutes que vous aviez. Et là vous me dites qu'ils en auraient aussi. Qu'en pensez-vous ?

K – Je ne sais pas... C'est compliqué, non ? Je vais leur parler, je peux pas leur faire ça !

Karine imagine que, si sa mère biologique avait voulu retrouver sa fille, elles se seraient déjà retrouvées.

Nous voyons ensemble comment elle pourra travailler sa CVE autrement.

En se situant sur le plan symbolique, elle réalise qu'elle a été assurément aimable puisqu'une autre famille a pris soin d'elle toutes ces années et une fois au courant qu'elle a engagé ces recherches vers sa mère biologique, l'aime encore et toujours au point même de comprendre et d'accepter.

Karine en discutant paisiblement avec sa mère de tout cela s'est entendue dire combien elle était aimée et que sa mère veillerait à ne pas omettre de lui dire et lui faire sentir.

Quelques semaines plus tard, Karine m'a appelé. Elle avait « abandonné » ses recherches. Puisque ma mère biologique a fait ce choix, je le respecte d'autant qu'avec mes parents adoptifs, c'est « comme un conte de fée ».

C – C'est-à-dire ?

K – Ils ont compris combien c'est important pour moi d'entendre dire que je suis aimée. De ce fait, je suis beaucoup moins en quête affective et je me rends compte combien je ne leur laissais pas le temps pour me le dire. Ils voulaient me le prouver par tous les autres moyens concrets ...

C – Et maintenant ?

K – Je suis sereine et j'ai compris que ma mère biologique ne m'apporterait pas ce que j'attends de mes parents adoptifs...

Nous étions loin des intermittents et des manchettes des journaux, même si l'actualité avait raison de les mettre sur le devant de la scène.

Nous avions désormais une jeune femme apaisée, rassurée, et émue.

Ne lui restait plus qu'à sa demande à consolider l'expérience du « non ».

Nous nous entraînâmes avec l'exercice du cercle vicieux et de la spirale vertueuse.

Mise en situation : Une de ses amies, appelons-la Juliette, demande à Karine de venir arroser ses plantes et relever son courrier pendant ses trois semaines de vacances.

Elles sont voisines, ont confiance l'une en l'autre et Juliette sait que Karine a un contrat qui la retiendra en ville tout le temps où elle, au contraire, partira au bord de la mer. Pourtant Karine n'a pas envie de se contraindre à cela.

Tableau 6.1 – Exercice du cercle et de la spirale : expérience du non (Karine)

Du cercle vicieux...	... à la spirale vertueuse
– D'accord, je passerai chez toi mais vraiment, c'est pour te faire plaisir. – Oui, je sais et je te revaudrai cela. Résultat : Karine se monte toute seule contre son amie, l'envie d'avoir les moyens de pouvoir partir, prévoit des dialogues entre elles deux au retour pour dire que « jamais plus » etc., etc. Quand Juliette revient, Karine explose et les deux amies restent en froid, c'est la première option. Deuxième cas de figure, quand Juliette revient, Karine dit que c'était sans souci, pas un effort insurmontable, la remercie du cadeau inévitable qu'elle recevra et c'est de retour chez elle que Karine se jugera « nulle » et incapable de dire ce qu'elle pense.	– Juliette, je l'aurai fait volontiers, mais cette fois, ce ne sera pas possible. – Ah bon, tu pars ? – Non, pas exactement mais je risque d'être absente et ne pas pouvoir respecter mon engagement. Je n'ai pas envie de me bloquer si des opportunités de déplacements apparaissent, même si j'ai envie de te rendre service. Je veux bien t'aider à trouver une autre solution. Qu'en penses-tu ? – C'est inhabituel de ta part, mais j'aime autant que tu sois franche. Je verrai avec la gardienne, il y a peut-être une solution.

Maintenant, Karine ressent qu'elle peut dire « non » sans paraître pas aimable. Aimer se dit elle, c'est aussi se sentir respectée dans ses choix.

Une astuce CVE

Quand on se sent mal, mais que la raison est encore confuse, le plus simple est de faire un petit tableau sur une feuille de papier avec les cinq mots clés de la Chaîne. Puis on remplit méthodiquement dans le secret de son for intérieur : quelle est la cause de ce malaise d'après nous ? Qu'est-ce que cela éveille en nous ? Comment bricolons-nous pour aller mieux sans que cela marche vraiment ? Comment pourrions-nous agir pour, au contraire, aller mieux durablement ? Quel effet cela aurait sur nous ?

PAULINE ET SON ÉCHEC SCOLAIRE...

Pauline vient tout juste d'avoir 16 ans. J'ai accompagné sa mère dans le cadre d'un coaching et, à l'issue de cet accompagnement, elle m'a demandé si j'acceptais de recevoir sa fille car elle considérait que la CVE l'aiderait ou les aideraient peut-être toutes les deux. J'ai accepté. Pauline est en seconde et, jusqu'à présent, c'est une enfant… oh pardon, une « adolescente » qui ne cause aucun problème. À peine un petit copain, pas de « teuf », une activité parascolaire digne du meilleur emploi du temps, la vie normale, quoi… Sauf qu'un jour, elle vient « passer une CVE », dit-elle. Elle ajoute : « C'est ma mère qui veut. »

Premier ajustement : on ne « passe pas une CVE » comme on se présenterait au bac ou au permis de conduire. Ou alors si, au permis de conduire… ses émotions !

Le coach – Que s'est-il passé ?

Pauline – C'est ma mère, elle s'énerve.

C – Pourquoi s'énerve-t-elle ?

P – C'est le lycée. J'ai été jetée.

C – Renvoyée ?

P – Ouais.

Quand je lui demande quel bénéfice elle trouve au fait d'être renvoyée, Pauline me regarde comme un extra-terrestre.

P – Ça se voit que vous avez pas d'enfants. Vous diriez pas ça !!

J'observe une réserve de circonstance et reprend :

C – En te faisant virer, qu'est-ce que tu gagnes et auprès de qui ?

En voyant que je ne me laisse pas balader, elle cesse de jouer l'idiote.

P – C'est ma mère. Elle va peut-être enfin s'intéresser à moi.

C – Pourquoi ? Elle ne s'intéresse pas à toi d'habitude ? Elle t'oublie ? Elle te néglige ?

P – Ben non, pas au sens « négliger » ou maltraitée comme Oliver Twist. Mais elle trouve juste normal que je sois comme je suis.

C – C'est comment « être comme tu es » ?

P – Ben, cool.

En vérité, Pauline n'a pas l'impression de vivre sa jeunesse. Quand on la questionne sur ce qu'elle entend par là, elle explique qu'elle a le sentiment de passer à côté de « plein de trucs » que font ses copains et qu'elle évite pour ne pas inquiéter sa mère ou la décevoir. Du coup, elle se sent en retrait, inexistante, disons-le : effacée.

Sa mère occupe une fonction de haut niveau dans une administration publique et considère qu'ayant transmis à sa fille les valeurs essentielles à la transformer en une adulte responsable et autonome, elle n'a aucune raison de s'en faire.

Son mari, le père de Pauline, est pour le moins évanescent. La mère de Pauline compose avec cette inconséquence et sa petite, car la maturité affective lui fait défaut, se sent délaissée.

P – J'en ai marre d'être la fille parfaite. Faut qu'elle arrête avec ça. Je suis pas un faire-valoir.

C – Et ?

P – Et j'ai décidé de foutre le bordel.

C – En clair ?

P – Je me suis barrée, j'ai fugué juste assez pour pas que la police s'emmêle, j'ai même tâté de la drogue et, une fois, ok une fois seulement, j'suis même allée à une rave.

C – Et ?

P – J'ai vomi grave.

Pauline hésite : suis-je de son côté ou suis-je envoyé par sa mère pour venir aux nouvelles et la remettre dans le droit chemin ? Évidemment, je la rassure : ici nous sommes là pour elle, pour trouver une manière de résoudre une double équation : le retour au lycée et la bonne grâce de sa mère. Le père, nous verrons plus tard.

C – D'après toi, comment ta mère vit-elle ce qui t'arrive ? Le renvoi, par exemple ?

P – S'en fout. Tant qu'elle a son boulot…

C – Alors, pourquoi es-tu là, la séance payée par elle ?

P – Sa bonne conscience.

C – Et alors ?

Pauline, ne rétorque rien. Elle semble se buter.

C – Comment une mère indifférente réagirait à ce qui t'arrive ?

P – Je ne serais sans doute pas en face de vous.

C – Donc, d'après toi, comment ta mère vit-elle ce qui t'arrive ?

P – Pas cool.

Nous en arrivons ensemble à résumer la situation ainsi : Pauline souffre du manque de disponibilité de sa mère et celle-ci trouve injuste, terriblement injuste, que malgré tout ce qu'elle fait, « tout ce qu'elle trime » pour sa fille, celle-ci se sent mal-aimée.

Pauline s'impatiente : on va la « passer quand, cette CVE ? ». Je tempère. Nous commencerons par maîtriser le dialogue.

Pour vous, cher lecteur, qui commencez à devenir familier à notre processus, les termes seront connus.

En effet, je propose à Pauline d'en passer par le dialogue afin de passer du cercle vicieux à la spirale vertueuse.

Tableau 6.2 – Exercice du cercle et de la spirale : demande d'attention (Pauline)

Du cercle vicieux...	... à la spirale vertueuse
– Pauline : C'est pas la peine de m'engueuler, de toute façon, ça ne marche pas. – La mère : Mais qu'est-ce qui t'arrive ? Tu crois vraiment que j'ai besoin de ça ? Avec tout ce que je fais pour toi ! – Pauline : Qu'est-ce que tu fais ? Tu vas, tu viens, tu rentres tard, tu pars tôt, tu me files des ronds pour que je fasse mes choses mais ensemble, on n'a pas de temps. Tu t'en fous de moi, en fait. Tout ce que tu veux, c'est que je te ramène des bons bulletins, que je suive « la voie royale » comme tu dis, et tu seras la mère parfaite, la mère courage, je connais la musique ! – La mère : Pas du tout. Je veux le mieux pour toi et si tu es si forte pour m'accuser de tous les maux de la terre, garde donc cette énergie pour bosser au lieu de fiche ta vie en l'air et la mienne au passage. – Pauline : Toi, toi, toujours toi. Et MOI ? – La mère : Toi ? Mais je fais tout pour que tu sois heureuse et que tu aies toutes les chances de pouvoir choisir ta vie. Franchement, je ne te comprends pas.	– Pauline : Je reviens de chez ton gars et d'après ce que j'ai compris, tu trouves peut-être injuste que je fasse des c... – La mère : En gros, c'est possible que ce soit ça. Je bosse pour compenser l'absence totale de ton père et son désengagement, je m'échine pour être une mère parfaite et assurer aussi ma part et toi, en échange, qu'est-ce que tu fais ? Tu te fais virer du lycée, tu fumes, tu fugues et je suis certaine que je ne sais pas tout... Tu trouves ça normal ? – Pauline : Non c'est pas normal, mais j'ai l'impression d'être transparente ici. C'est comme si j'étais dans le décor, sans plus. Moi, j'ai envie d'être regardée, de me sentir un être humain, pas un robot qui fait ce qu'on lui demande. Je voudrais qu'on fasse des choses ensemble, que tu saches un peu ce que je fais, ce que je pense, que j'ai des moments avec toi juste cool. – La mère : Moi aussi, ma chérie, mais comment faire ? En plus, je ne suis pas habituée à m'épancher comme ça. En fait, il faut avouer que pour en être arrivée là où j'en suis, j'ai eu besoin de me faire une carapace, pour ne pas dire une armure. – Pauline : Avec moi, t'as pas besoin.

Ce n'est qu'après la préparation de cet échange avec sa mère que Pauline m'a rappelé et que nous avons élaboré sa CVE. De prime abord, on pourrait croire que Pauline est en colère. Or, en fait elle a peur. Son père est parti quand elle était toute petite, sa mère travaille intensément, elle se sent négligée. Elle a quasiment l'impression qu'on la fuit. Ses 400 coups ne sont qu'autant d'appels au secours.

Qu'est-ce qui cause cette peur ? Le danger de ne pas être aimée.

Que génère cette peur ? Un sentiment d'angoisse, d'anxiété.

Que fait Pauline pour ne pas subir cette angoisse ? Elle pseudo-régule en fuyant le problème. Ses écarts de conduite ne sont qu'une mauvaise façon de calmer ses angoisses.

Que doit faire Pauline maintenant qu'elle sait que ce comportement n'est qu'un leurre ? Adopter un véritable comportement de régulation en cherchant de la réassurance.

Comment s'y prendre ? En dédramatisant par un dialogue « écologique » avec sa mère dans le sens où il respecte l'intérêt des deux parties, leur sensibilité intrinsèque. Elles peuvent aussi, désormais, trouver ensemble des moyens de rassurer Pauline sur le fait qu'elle est aimée, prise en compte et qu'elle ne risque pas d'être à nouveau abandonnée, mais là par sa mère.

Peur → *Inquiétude/Angoisse* → Le renvoi de l'école permet à Pauline de ne pas devoir se confronter à sa peur véritable. En déclenchant la colère de sa mère, elle pense communiquer « de colère à colère » en quelque sorte, alors qu'en fait, c'est un dialogue de peur à colère qui se met en place à juste titre.

Une astuce CVE

Ne pas hésiter à prendre un papier un crayon, à poser sa propre CVE et à poser celle que l'on subodore être celle de la personne avec laquelle nous interagissons difficilement. À partir de là, on prend le temps de vérifier les combinaisons possibles, on prend du recul et on s'adapte. Le simple fait de « poser l'équation », d'une certaine manière, aide à penser et à y voir plus clair.

HÉLÈNE EST JALOUSE

Hélène vient tout juste de franchir le cap de la cinquantaine. Elle ne pensait pas que cet anniversaire la marquerait autant et, pourtant, même si elle fait bonne figure en société, au fond d'elle, elle se sent moins sûre d'elle, de sa vivacité intellectuelle, de son pouvoir de séduction. Elle vit seule chez elle, mais partage néanmoins la vie d'un homme de son âge, célibataire également. Sur le plan professionnel, Hélène travaille dans une institution bancaire où elle est appréciée depuis de nombreuses années.

Elle veut en passer par la CVE aussi pour des questions plus personnelles. Dans le cadre de son coaching, elle souhaite réfléchir à la question suivante : son ami justement commence à se lasser de ses comportements qu'il lit comme des signes d'une jalousie exaspérante.

Le coach – Pouvez-vous me décrire ce que vous faites ?

Hélène – Eh bien, rien de spécial il me semble. C'est lui qui voit ça comme de la jalousie « maladive » dit-il.

C – Donnez-moi un ou deux exemples.

H – Quand j'invite des amies à la maison, si ce sont mes copines plus jeunes ou si elles sont disons, sexy, j'évite qu'il soit là. Je choisis des dates où il est en déplacement. Vous comprenez, je ne vais pas mettre le loup dans la bergerie. Quelle femme ferait cela !

C – Quoi encore ?

H – Nous ne vivons pas ensemble. Alors le soir, quand il me dit qu'il a un dîner ou une activité quelconque, je l'appelle même tard, mais toujours sur sa ligne fixe. Comme ça je suis bien certaine qu'il est chez lui. Avec les portables, maintenant, on ne sait jamais.

Hélène continue d'énumérer des actions de cet ordre, toutes significatives du climat de suspicion dont cela témoigne. Cela va des indiscrétions les plus flagrantes (fouiller dans une poche, par exemple) aux prémisses d'un syndrome de persécution (son ami se plaint de se sentir « traqué »).

C – Vous doutez de lui ?

H – Non, je doute des autres. Les femmes de mon âge vivent souvent seules. Si elles peuvent piquer le copain d'une amie, elles ne se gêneront pas.

C – C'est ce que vous pensez de vos amies ?

H – Pas de toutes, mais de la plupart.

C – Parlez-moi d'une, en particulier.

H – Euh… Tiens, j'ai notamment une amie, elle aussi dans la cinquantaine, à laquelle il fait souvent des compliments quand elle vient dîner et qu'il est présent. Ça m'énerve parce qu'elle minaude, elle dit « merci », ça m'agace encore plus si, à son tour, elle lui renvoie un compliment au cours de la soirée.

C – Vous ne dites pas « merci », vous, quand on vous adresse un compliment ?

H – Si, bien sûr, mais là c'est pas pareil.

Je sens qu'Hélène s'énerve. Elle en va même jusqu'à reprocher à son ami d'aimer les chiens d'une autre de ses amies. « Au lieu de s'intéresser à eux, il ferait mieux de me regarder moi !! Et que je te caresse, et que je te dis que tu es beau, ça m'énerve, si vous saviez » confie-t-elle.

J'apprends qu'Hélène est enfant unique. Elle a été très choyée par son père en particulier. On pourrait même dire « adulée ». De cette enfance, elle a déduit qu'être aimée, c'est être entièrement fusionnelle avec l'autre. Aussi, tout ce qui pourrait lui apparaître de nature à briser ce lien fusionnel est vécu comme une grande source d'insécurité. Au premier abord, Hélène pourrait croire que c'est la peur d'être abandonnée, de ne pas être aimée, cajolée, flattée, qui suscite ces comportements. Mais attention, au filtre de la CVE, cette analyse ne passe pas. Regardons de plus près…

C – Vous savez que dans le modèle CVE, qui dit « peur », dit « danger, menace, risque » ?

H – Oui.

C – Quel est le danger ?

H – Qu'il me plaque ! À mon âge, vous savez, c'est fréquent. Le démon de midi, ça ne vous dit rien ?

C – Comment vous y prendriez-vous pour réussir à ce qu'il vous quitte, effectivement ?

H – Pardon ? Je ne comprends pas.

C – Je pose à nouveau ma question : Comment vous y prendriez-vous pour réussir à ce que votre ami vous quitte ?

En jouant la provocation, Hélène se rend compte qu'elle ne pourrait pas mieux faire que ce qu'elle met en place depuis déjà des mois, voire des années ! Et il y a mieux, elle finit par m'avouer sa véritablement motivation à travailler sur sa jalousie. Elle la rend malheureuse, elle en souffre. Cette attitude lui rend la vie impossible.

H – J'en veux à mes parents, si vous saviez...

C – À vos parents ?

H – Oui, je me rends compte, à force d'explorer avec vous ce que je fais et ma relation avec J, que si mon père ne m'avait pas tant couvée, je n'en serai pas là !

C – Là, où ?

H – À étouffer J à mon tour. En fait, c'est de leur faute. Ils m'ont envahi avec cet amour. Trop c'est trop.

Nous posons la CVE d'Hélène dont le masque est tombé :

Colère → *Injustice* → Hélène a l'impression qu'elle a subi un préjudice en ayant eu des parents très intrusifs. En même temps, elle se sent coupable à double titre :

- de dire cela de ses parents quand tant d'enfants aimeraient des parents attentifs et démonstratifs ;
- de faire subir à J un traitement qu'il ne mérite pas.

Hélène me donne des exemples, parmi lesquels celui-ci : tous les midis, elle appelle ses parents. « Ça me cause d'ailleurs des problèmes parfois quand je suis en réunion. Ils n'arrivent pas à comprendre que leur fille travaille ! »

Le comportement de régulation de la colère étant la demande de réparation, Hélène doit trouver comment obtenir réparation auprès de ses parents.

H – Je ne peux quand même pas leur dire que j'ai subi un préjudice parce qu'ils m'aiment trop !! Ce serait un comble !!

C – Parce qu'ils vous aiment trop ou parce qu'ils vous aiment d'une façon qui ne vous convient pas vraiment ?

Hélène reste perplexe en entendant cette remarque. Pour elle, impossible de considérer que ses parents l'ont « mal » aimé quand tant d'enfants rêveraient de recevoir ne fut-ce que le dixième des compliments qu'elle a entendus au cours de son enfance, quand tant d'adultes aimeraient bénéficier de toutes les sollicitudes dont elle fait l'objet encore aujourd'hui.

H – Je dois avouer que je trouve ça étouffant... Parfois. Ils sont très intrusifs par leur amour, d'une certaine façon.

C – Comment pourriez-vous exprimer ce ressenti à vos parents sans vous fâcher avec eux ?

H – Impossible !

C – De quoi avez-vous besoin vis-à-vis d'eux ? De leur part ?

H – Qu'ils me laissent de l'air. Qu'ils m'aiment tout en me préservant une marge de liberté.

C – N'avez-vous pas l'impression que c'est aussi ce que vous demande J ?

Pour Hélène, subitement, tout devient lumineux ! Pauvre J auquel elle fait subir ce qu'à son insu elle supporte de la part de ses parents, les plus bienveillants au monde ! Quelques semaines plus tard, elle réussit à parler à ses parents. « J'ai, me dit-elle, tenu compte de votre spirale vertueuse. »

Pour ce faire, Hélène s'est appuyée sur des faits. Elle n'a pas été dans l'accusation mais dans l'énoncé de ce qu'elle ressent. En résumé, elle énonce notamment ceci : elle ne veut plus appeler tous les jours vers midi car cela la dérange dans son emploi du temps au bureau et que, d'un jour sur l'autre, elle n'a pas nécessairement beaucoup de choses à leur dire ; d'autre part, elle les aime, mais ne veut plus se sentir obligée de passer environ la moitié de ses périodes de vacances avec eux, préférant se consacrer à son amoureux qu'elle ne voit finalement pas si souvent. Elle ajoute qu'elle aimerait qu'ils ne lui demandent pas systématiquement où elle était quand ils appellent et qu'elle n'est pas au bout du fil. Au début, ses parents ont été renversés par cette déclaration. Ils ne pouvaient pas admettre que leur fille parle de « contrôle », d'impression qu'ils la considéraient encore comme une gamine. « C'est un comble ! » a dit sa mère.

C – Et aujourd'hui, acceptent-ils mieux votre conversation ?

H – J'ai dû leur expliquer que j'étais épuisée par ce besoin permanent que j'avais d'être rassurée que l'on m'aimait, cette quête incessante à courir après le moindre compliment. Ils n'ont pas fait le lien avec mon enfance.

C – Comment pourriez-vous faire pour qu'ils ne se sentent pas blessés, et à leur tour, qu'ils soient en colère en vous trouvant ingrate, en entendant des reproches là où vous n'avez exprimé que ce que vous ressentiez ?

H – Pour tout vous avouer, j'ai tenté de faire une CVE avec eux, simplement sur un papier.

C – Et ?

H – Et bien, eux aussi, c'était de la colère. Ils me trouvaient injuste. On a trouvé ensemble que pour qu'ils retrouvent la joie, le bien-être, la réparation devait venir de moi.

C – En quoi faisant ?

H – En leur disant, « au moins de temps en temps » m'a dit mon père, que je sais ce que je leur dois. C'est vrai, et je ne m'en étais jamais rendu compte, que jamais je ne leur dis ma reconnaissance. J'ai fini par m'habituer à être au centre du monde, de leur monde et à attendre ça de tout mon entourage.

Hélène a étendu le raisonnement aussi à son ami J. Depuis la situation est apaisée pour tous.

Une astuce CVE

Attention, quand on déroule la CVE pour un sujet en particulier, de ne pas se tromper d'émotion en remplissant notre tableau. Dans le cas d'Hélène, de prime abord, on aurait pu croire qu'il s'agissait de la peur de perdre l'homme de sa vie. Nous avons vu qu'en réalité, c'était la colère d'avoir été envahie par un amour ressenti comme intrusif et contrôlant.

POUR RICHARD, C'EST « RÉCONCILIATION SUR L'OREILLER »

Richard est père de famille. Il a 38 ans, travaille dans le secteur manufacturier. Il bénéficie d'un coaching dans le cadre de ses nouvelles et récentes responsabilités managériales. Désormais il encadre certains collaborateurs parmi lesquels des anciens collègues. Statut pas facile à tenir. Il est en confiance et, au cours d'une séance, aborde ses difficultés de couple. Il aurait pu se tourner vers la sexologie pour régler son souci. Il désire plutôt commencer par explorer son état émotionnel en se « frottant » à la CVE et me parle avec une franchise certaine.

R – C'est bizarre à dire, mais quand on fait l'amour avec ma femme, pour jouir, j'ai besoin d'être en colère.

C – Si je comprends bien, c'est seulement si vous déclenchez un conflit avec votre femme que vous pouvez avoir une relation complète avec elle ?

P – Oui.

C – Bon et alors ?

P – Je sais pas, en fait je suis pas sûr, mais si pour moi c'est Ok, je pense que pour elle, non.

Richard se rend ainsi compte que non seulement, il ne se sent bien pour faire l'amour que s'il domine sa partenaire en étant en colère contre elle, mais aussi qu'il ignore en fait, si elle y prend plaisir ou pas. Il suppute que non, il sait en tout cas que pour lui, c'est la condition *sine qua none.*

C – Comment vous y prenez-vous pour provoquer chaque fois une dispute ?

R – Facile, n'importe quoi qui me passe par la tête : un reproche sur son allure, une vanne sur un sujet que je sais sensible pour elle, une marotte que j'ai qu'elle supporte pas comme de jeter mes chaussettes en boule au milieu de la chambre, je peux vous dire, c'est facile !

C – Apparemment, vous avez la technique ! Alors pourquoi vouloir changer ?

R – C'est plus tenable. Je me rends bien compte que c'est pas normal.

C – Si vous le voulez bien, je vous propose la démarche des 5 « P ».

Par ce biais, Richard confie qu'il trouve que faire l'amour, c'est « fade », et qu'il a besoin de se mettre en colère avant tout rapprochement. Mais surtout, ce qu'il réalise, c'est qu'en se mettant en colère il est dans une posture de pure domination. Et pour dominer, il en passe par la colère. Enfin, il exprime également le fait que dominer lui donne le sentiment d'exister.

C – À votre avis, par opposition, d'où viendrait cette impression de ne pas exister ?

R – Toute cette histoire me rappelle mon enfance. Je fais un lien.

C –Vous pouvez m'en parler ?

R – Nous sommes une famille nombreuse. Ma mère devait s'occuper de mes deux sœurs et de mes deux autres frères. J'aurais voulu l'avoir à moi tout seul. Alors, quand je n'en pouvais plus d'être dans cette attente, et bien je piquais des colères terribles.

C – Des caprices…

R – Énormes ! Plus d'une fois, j'ai fini sous la douche froide tout habillé.

Déployons ensemble la Chaîne de Richard (évidemment cette chaîne n'a rien de spécial… ce n'est que la CVE).

Que nous dit Richard ? Qu'il a peur que sa mère l'oublie, finalement. Il a eu le temps, au cours de nos discussions, de se rendre compte que ce n'est qu'avec sa femme qu'il a besoin de cette tension. Dans son travail ou ses relations amicales, pas besoin d'être en rage pour se sentir bien en société ! Sauf qu'à bien y réfléchir ce n'est pas tout à fait exact… J'aborderai ce point avec lui ultérieurement.

Comment, Richard enfant choisit-il de réagir à cette peur de l'oubli ou de l'indifférence de la femme qui compte le plus à ses yeux ? En piquant des colères dont il se souvient encore.

Comment à l'âge adulte, Richard continue-t-il d'étouffer sa peur de l'indifférence au contact de la femme qui a, d'une certaine manière, pris la place de sa mère, sexualité en sus ? En reproduisant ce qu'il sait faire et qui a marché même au prix de punitions ou de douches froides : la colère.

Sommes-nous dans la peur ou dans la colère ? Retour sur l'engrenage émotionnel :

Peur → Inquiétude/angoisse → autodéfense → besoin de réassurance → prendre du recul, élargir le champ des solutions possibles.

Colère → Injustice → faire opposition → demander réparation → reconnaître le préjudice qui est la cause de cette émotion.

Dans le cas de Richard, nous sommes clairement devant un cas de peur déguisée en colère. Il faut donc s'attarder sur la cause de cette peur. Nous en parlons avec Richard, il réfléchit, il met des mots sur ses impressions et ses ressentiments. Il admet que, du côté de sa mère, la pauvre croulait sous le travail et n'était pas disponible. Pour autant, cela ne signifie pas qu'elle ne l'aimait pas. Cette dame étant aujourd'hui décédée, c'est auprès de ses frères et sœurs que Richard a réussi à recueillir des témoignages en ce sens. Le voilà rassuré.

Concernant sa relation conjugale, Richard doit admettre que sa femme n'a pas besoin d'un mari en colère pour en être amoureuse ! Qu'il est même en train de produire exactement l'effet inverse de ce qu'il recherche : elle va le quitter s'il ne change pas. Voilà donc Richard timidement engagé sur la voie de l'apaisement. Quand il pense « je vais lui faire un reproche », il transforme sa phrase en « je vais lui dire ce que je ressens sur mes peurs résiduelles. Lui dire que j'ai envie de sentir son amour ». Le chemin de la reconstruction se déroule sous leurs pieds.

Une astuce CVE

Les 5 « P » : Il s'agit de poser cinq fois des questions sur le même sujet en commençant toujours par l'adverbe « pourquoi ? ».
C'est très simple et d'une efficacité jamais démentie pour trouver la véritable cause qui a engendré l'état émotionnel dans lequel on se trouve. À partir de là, on déroule la CVE et de la pseudo-régulation, chacun peut passer à la véritable régulation pour son plus grand confort !

LA RUPTURE AMOUREUSE DE VIRGINIE

Virginie ne va pas très fort. Dans la trentaine, en couple depuis six ans, son amoureux vient de la quitter. Il est parti, n'a pas vraiment donné de raison précise. Elle soupçonne un sinistre cocktail composé d'une dose de routine, un soupçon de lassitude et un filtre d'adultère.

Étonnement, dans ses premiers propos, ce n'est pas tant de se retrouver seule qui la bouleverse que l'attitude de son meilleur copain. « Presque un frère » dit-elle. Quand elle est venue le trouver pour s'épancher, elle a plutôt entendu un discours autour du fait que ce gars de toute façon « ne la méritait pas ». « Il n'était pas aussi bien que tu le pensais, mais tu ne voulais pas ouvrir les yeux. Tu ne voulais rien entendre. ». Ce thème de sa vie personnelle est apparu en cours de coaching professionnel alors que son objectif d'accompagnement centré sur ses relations hiérarchiques mettait l'accent sur sa difficulté à se sentir véritablement respectée par son chef.

V – Ce que je ne voulais surtout pas entendre, c'est précisément ça !!

Le coach : « ça » quoi ?

V – Que J était un abruti, qu'il n'était pas digne de moi, etc.

C – En quoi cela vous est-il insupportable ?

V – Je passe pour une cruche !

C – Et encore ?

V – Et encore ? Eh bien non seulement je suis assez bête pour ne pas m'être rendue compte que ce type n'était pas fait pour moi et il m'aura fallu six ans pour ce faire, mais en plus, je me sens coupable de ce manque de discernement. Ça fait beaucoup pour la même !!

C – Qu'attendiez-vous de votre copain ?

V – Qu'il me console, tout simplement ! Qu'il me console ! Ce n'est quand même pas si compliqué pour un type normal, si ?

Justement, consoler une amie qui a de la peine ou un ami dans le chagrin, ce n'est pas si évident. L'exemple de Virginie est révélateur. Qui ne connaît pas dans son entourage ou qui soi-même n'est pas tombé dans le piège. On divorce, on est quitté et qu'entend-on de la part de personnes qui, pourtant, c'est à n'en pas douter, nous veulent du bien ? « Un de perdu dix de retrouvés ! » comme si notre amour n'était pas unique, mais interchangeable. Ou encore : « C'est pas si grave, à ton âge, tu as encore le temps de retrouver quelqu'un. », comme si notre seul but était de nous « caser » au mépris de l'attachement et des sentiments que la relation dont on pleure en ce moment la fin n'avait été qu'un épisode banal.

Avec la CVE, on apprend à accueillir l'état émotionnel de l'autre. En agissant de la sorte, nous pouvons adapter notre langage à ce que la personne, aux prises avec son engrenage, est capable d'entendre.

C – Qu'attendez-vous de moi ?

V – De comprendre pourquoi je réagis comme ça.

C – Comment ?

V – Pourquoi je suis en colère alors qu'en principe, vu que je suis larguée par l'homme que j'aime, je devrais plutôt être triste.

Nous allons poser les enchaînements des deux CVE susceptibles d'être mobilisées. La première autour de la tristesse, la seconde avec la colère pour base...

Tristesse → Un sentiment de culpabilité qui peut aller jusqu'à la dévalorisation de soi et la dépression → pour s'en dégager, on croit bien faire en s'isolant ou en se repliant sur soi quand, au contraire, il faut chercher à se consoler ou se faire consoler par de l'écoute, de la compréhension, de l'encouragement, de l'empathie...

Colère → Un sentiment d'injustice → pour s'en dégager, on croit bien faire en se montrant agressif ou au contraire, totalement passif il faut chercher plutôt à obtenir réparation par la reconnaissance du préjudice qui est la cause de cette colère, ou par une compensation acceptable.

C – Où vous reconnaissez-vous le plus naturellement ?

V – Pardonnez-moi, mais je trouve dégueulasse d'être mise en faute alors que c'est l'autre qui me fait du mal.

C – Je comprends. Quand vous observez ces deux enchaînements, ces deux engrenages, dans lequel vous retrouvez-vous le plus spontanément ?

Virginie n'arrive pas à répondre mais un parallèle lui vient à l'esprit : quand elle était adolescente, sans penser à mal, elle se promenait souvent dans la maison en tenue légère, jusqu'au jour où sa mère la voyant ainsi devant son père, l'a sévèrement sermonnée : on ne se présente pas ainsi devant son père à ton âge, tu n'es plus une enfant. D'ailleurs, les câlins comme tu les fais avec lui, désormais, ce serait terminé. Fini : f-i-n-i !

Son père, lui, n'a rien dit. Il n'a pas davantage pris la défense de sa fille. « Aujourd'hui, je me rends compte que, quand j'attends quelque chose de quelqu'un, surtout si c'est sur le plan amoureux ou même simplement affectif, eh bien je me place en situation de victime » explique Virginie.

C – De quoi auriez-vous besoin pour vous sentir mieux ?

V – Que mon copain reconnaisse qu'il m'a dit des âneries, qu'il aurait dû me proposer de sortir, de passer du temps ensemble juste pour m'écouter sans commentaire.

C – Et vis-à-vis de votre père ?

V – Je voudrais d'abord vérifier qu'il se souvient bien de cet épisode et qu'il m'explique pourquoi il n'a pas pris ma défense. Je trouve que ce n'était pas juste alors que j'étais juste gentille et affectueuse, sans penser à mal ni lui non plus, ça j'en suis persuadée, qu'il n'ait pas pris ma défense devant ma mère.

C : Et vis-à-vis de votre mère, de quoi auriez-vous besoin pour être apaisée ?

V : Qu'elle reconnaisse qu'elle était injuste de m'engueuler alors que je ne faisais rien de mal. Elle aurait pu me dire la même chose gentiment et sans me priver de faire des câlins à mon père.

De cet échange, que peut-on déduire ? Le mot qui revient le plus souvent dans la bouche de Virginie et l'évocation des souvenirs nous conforte en ce sens : l'injustice. Et aujourd'hui, en étant « plaquée » par l'homme qu'elle aimait encore, elle se trouve victime du préjudice qu'elle estime avoir subi enfant de manière tout à fait inéquitable. On lui a fait porter des intentions qui n'étaient pas les siennes, on a eu tort et cela n'a pas été démenti ouvertement de manière à ce qu'elle éprouve la satisfaction d'avoir obtenu réparation.

C'est donc à la CVE construite autour de la colère à laquelle nous devons nous référer pour travailler.

Vous devinez la suite :

Virginie a engagé une discussion avec son copain et complice de toujours, lequel s'est montré sincèrement désolé. « J'ai cru bien faire. Je ne voulais pas dire que tu étais idiote d'être restée avec un mec comme lui, je voulais que tu prennes la mesure de ta valeur. »

Son père n'ayant plus de souvenir précis de l'épisode de la nuisette en coton, il s'est contenté de dire qu'il l'avait toujours soutenu dans ses choix. Il a pris un exemple concret du côté de ses études, puis justement avec J. « Et pourtant, on ne peut pas dire que j'étais ravi, ni dans un cas, ni dans l'autre. Mais je croyais que tu savais à quel point tu pouvais toujours venir me trouver sans que je la ramène ! ».

Et enfin, quand Virginie a rappelé à sa mère l'histoire de cette altercation, tout était encore précis au battement de cil près. « C'était ma manière de te faire comprendre qu'il y a des limites à tout âge. J'ai toujours agi dans ton intérêt. » a-t-elle dit. De ce côté, on voit bien que l'ouverture et la remise en question est moins facile. Maintenant que Virginie a bien compris le modèle CVE, elle pourra sans doute tranquillement s'y engager jusqu'à parvenir à une relation plus harmonieuse avec sa mère.

Une astuce CVE

Comme lors d'une chute à cheval ou à ski, il faut tenter d'être souple et d'accompagner le mouvement plutôt que de se raidir et de se blesser encore plus sérieusement, la CVE nous apprend à accompagner d'abord le mouvement émotionnel de l'autre avant de l'aider à réguler. Autrement dit, la CVE ne cherche pas à nier l'émotion apparente pour aller mieux, mais au contraire à l'accueillir pour trouver la bonne cause qui provoque cet état et, à partir de cette analyse, adopter le vrai comportement de régulation qui fera revenir la personne en état de confort émotionnel.

FAITES VOTRE RÉVOLUTION ÉMOTIONNELLE : UN TEST EXCLUSIF RIEN QUE POUR VOUS !

Consignes

Pour chacune de ces 10 situations, notez d'un **+ (plus)** le comportement dont vous vous sentez le plus proche et d'un **– (moins)** celui qui vous semble le plus étranger à votre nature.

Afin de tirer un profit optimal de ce test, ne cherchez pas quelle peut être la meilleure réponse ou la moins pire. Il n'y en a pas. Ce qui compte, c'est ce que vous ressentez.

Test

1/ Vous rentrez chez vous et découvrez que vous avez été cambriolé(e) :

a) Vous pleurez en vous effondrant.

b) Vous faites le tour des pièces pour voir si le voleur est toujours là

c) Vous êtes indignés et éprouvez le besoin d'insulter les auteurs de ce larcin.

d) Vous appelez la police.

e) Vous vous dites que tout va bien ! Restons calmes.

2/ C'est le mariage de votre meilleure amie. Vous êtes venu(e) seul(e).

a) C'est l'occasion de passer une bonne soirée et de retrouver de vieux amis !

b) Cette profusion de tulle et de chantilly, non vraiment, ce ne sera jamais votre truc.

c) Il y aura tant de gens que vous ne connaissez pas ! Pourvu au moins qu'au dîner vous soyez bien placé(e)

d) C'est un super événement. Quel bonheur de profiter de ces instants magiques.

e) Heureusement que vous avez du mascara waterproof ou vos kleenex…

3/ Résultat des examens en vue de ce diplôme pour lequel vous avez beaucoup travaillé :

a) Vous préférez y envoyer votre meilleur(e) ami(e). Il/Elle vous appellera.

b) Non, finalement, vous avez dû louper la partie II. Ce sera pour l'année prochaine

c) De toute façon, c'est gagné. La seule inconnue, c'est la mention.

d) Avec tous les efforts déjà réalisés, si en plus vous ne l'aviez pas…

e) Le champagne est au frais si c'est OK. Sinon faut prévoir le rattrapage…

4/ Vous devez prendre la parole dans une réunion devant une grande assemblée :

a) Vos mains sont moites, votre voix tremble. C'est peut-être imperceptible, mais vous avez l'impression que tout le monde le voit. Vous respirez un grand coup.

b) Pas de doute ! Tout le monde sera d'accord avec ce que vous avez à dire, donc pas de souci.

c) Votre Power Point est prêt. Il ne manquerait plus qu'il soit trop long ou que l'informatique tombe en panne.

d) Ça devait être à Xavier de le faire et encore une fois c'est sur moi que ça tombe !

e) Vous vous dites : « je suis nul(le) ! Je ne vais arriver à rien, et surtout je ne l'ai pas assez travaillé… »

5/ Votre voisin fait un bruit infernal de jour comme de nuit, régulièrement depuis plus de 2 semaines :

a) Vous lui expliquez gentiment la gêne occasionnée et lui demandez quelles sont les solutions à trouver pour le confort de chacun.

b) Vous partez quand il est chez lui. C'est intenable.

c) Vous vous apprêtez à aller carrément lui casser la figure ou dégonfler ses pneus.

d) Comment vous allez faire pour aller lui parler, alors que vous le connaissez à peine et qu'on ne sait jamais à qui on a à faire.

e) Vous vous dites : « quel(le) idiot(e), j'aurais dû mieux me renseigner sur le voisinage avant de louer cet appartement ! ».

6/ Depuis une semaine, vous attendez la note de synthèse de Monsieur Bichetrux :

a) Vous allez devoir lui envoyer encore un mail de rappel alors que ça ne devrait pas être le cas, surtout à son niveau de responsabilités !

b) Vous allez le voir pour comprendre les raisons de ce retard, peut-être n'a-t-il simplement pas reçu le mail ou bien est-il absent !

c) Vous n'avez pas dû être suffisamment clair(e) dans votre demande.

d) Vous allez bien trouver un moyen pour lui faire passer le message. Rien ne sert de le harceler pour ça !

e) Finalement, vous allez l'écrire vous-même !

7/ *Vous discutez avec une amie qui vous reproche de ne pas lui donner de nouvelles assez souvent :*

a) Vous tentez de vous justifier : le temps vous fait cruellement défaut. Pourvu qu'elle ne vous en tienne pas rigueur.

b) Vous lui dites qu'elle aussi, elle pourrait vous appeler plus souvent ou vous envoyer un courriel.

c) Souvent, vos amis vous disent la même chose ! Vous devriez être plus attentif(ve) aux autres. Il n'y a pas de fumée sans feu…

d) Mais non ! Il faut toujours qu'il y ait des gens pour se poser des questions inutiles !

e) Vous lui affirmez qu'elle compte beaucoup pour vous et que vous êtes désolé(e) si elle a ressenti cela. Vous en profitez pour convenir d'une date de déjeuner.

8/ *Les oiseaux se cachent pour mourir… Titanic… Bambi… Vous sentez vos larmes monter :*

a) Vous vivez cet instant et sortez vos mouchoirs en papier.

b) Vous vous sentez ridicule, ne pouvez retenir vos pleurs et ça vous rappelle d'ailleurs le jour où…

c) Que vont penser les autres ? Vous n'avez pas envie de leur donner cette image.

d) Vous quittez la salle.

e) Comment c'est possible de dépenser tant d'argent à réaliser des films pareils. La vie est déjà assez dure comme ça !

9/ Vous vous joignez à un nouveau groupe pour une activité de loisir. On vous demande de vous présenter :

a) Vous détestez cette habitude. Et comme de bien entendu, c'est sans doute par vous que le tour de table va commencer.

b) Qu'est-ce que vous pourriez bien avoir à dire sur vous de si intéressant ?

c) Quand arrive votre tour, vous vous en tenez au strict minimum.

d) Vous tentez de plaisanter pour vous mettre à l'aise et vous vous présentez ensuite.

e) Vous changez discrètement de place pour être la dernière personne à vous exprimer.

10/ Par le biais d'Internet, une personne que vous aviez perdue de vue depuis votre jeunesse tente de rentrer en contact avec vous :

a) Pas moyen d'être tranquille. Ces nouvelles technologies, c'est vraiment une intrusion dans notre vie !

b) Mais qu'est-ce qui me prouve que c'est bien elle ? Et si c'est le cas, qu'est-ce qu'elle me veut ?

c) Vous n'avez aucune envie de revenir sur votre passé. Notre jeunesse est révolue. Que pourrais-je bien lui apporter ?

d) Vous ne répondez pas. Les rétroviseurs, ce n'est pas votre truc.

e) Vous prenez votre clavier pour un premier courriel de retrouvailles, une photo à l'appui.

Comment coter vos résultats

En vous référant au tableau des cotations situé ci-après, relevez pour chaque réponse le **+ (plus)** et le **– (moins)** qui vous a servi à annoter pour chaque question le a, b, c, d ou e.

Par exemple, si vous avez fait un **+ (plus)** pour la réponse 1d, reportez-le dans le tableau ci-après et ainsi de suite.

Voici un exemple de tableau de cotation complété.

	▲	□	■	❍	●
1	c	a	b	e –	d +
2	b	e –	c +	d	a
3	d +	b	a	c –	e
4	d	e +	c	b	a –
5	c –	e	d +	b	a
6	a	c +	d	e –	b
7	b –	c	a +	d	e
8	e	b –	c	d +	a
9	a	b	c	e –	d +
10	a –	c	b +	d	e
	1 + (plus)	**2 + (plus)**	**4 + (plus)**	**1 + (plus)**	**2 + (plus)**
	3 – (moins)	**2 – (moins)**	**0 – (moins)**	**4 – (moins)**	**1 – (moins)**

Voici ci-dessous un tableau vierge vous permettant de répondre au test.

Nous vous invitons à le photocopier avant de le compléter si vous êtes plusieurs à le remplir.

	▲	□	■	○	●
1	c	a	b	e	d
2	b	e	c	d	a
3	d	b	a	c	e
4	d	e	c	b	a
5	c	e	d	b	a
6	a	c	d	e	b
7	b	c	a	d	e
8	e	b	c	d	a
9	a	b	c	e	d
10	a	c	b	d	e
	... + (plus)	... + (plus)	... + (plus)	... + (plus)	... + (plus)
	... – (moins)	... – (moins)	... – (moins)	... – (moins)	... – (moins)

Comment interpréter vos résultats

Si vous avez une majorité de **+ (plus)** concernant la figure suivante : ▲

Votre rapport au monde est fondé sur un sentiment d'injustice. Vous avez tendance à considérer que l'équilibre, la parité, ou la justice ne font pas bon ménage avec la nature humaine. Vous-même, pouvez vous sentir en opposition avec les règlements et les interdits qui limitent au fond votre champ d'action. La rébellion vous guette ou bien au contraire la fatalité est plus forte. Mais au fond, ce qui compte le plus pour vous, c'est l'expression de votre liberté.

Votre émotion dominante au regard de la « Chaîne de Valeur Émotionnelle » est LA COLÈRE.

Mon conseil : *ceux qui vous entourent ne devinent pas forcément la colère parfois sourde qui vous ronge. Donner-leur les moyens de* *comprendre votre ressenti et acceptez surtout le fait qu'ils peuvent vous aider sans arrières-pensées.*

Si vous avez une majorité de + **(plus)** concernant la figure suivante : □

Vous avez tendance à vous remettre en question plus que de mesure. Vous doutez parfois de vous et pouvez avoir la fâcheuse habitude de raconter de vous des histoires dans lesquelles vous êtes au fond le contraire du héros. Vous pouvez avoir envie de préserver votre intimité ou de rester à l'écart ou encore de témoigner aux autres de vos difficultés. Le pire, c'est de constater que, dans tous les cas, vous récoltez plus d'indifférence que d'attention.

Votre émotion dominante au regard de la « Chaîne de Valeur Émotionnelle » est LA TRISTESSE.

***Mon conseil :** être aimé, c'est donner envie aux autres de vous aimer. Faites-vous plaisir, donnez-vous des autorisations et trouvez des espaces d'expression de votre tristesse (l'écriture, la peinture, l'art dramatique, la musique, etc.). C'est en offrant à cette émotion ce type de possibilité que vous lui donnerez l'occasion de se muer en un trait de caractère valorisant. Voilà qui contribuera assurément à restaurer votre estime de vous !*

Si vous avez une majorité de + **(plus)** concernant la figure suivante : ■

Vous aimez que les choses soient bien organisées. L'imprévu vous irrite, l'incertitude a tendance à geler votre entrain. Vous avez besoin de vous construire un univers rassurant dans lequel les rôles et les responsabilités sont bien définis. Prévenir, anticiper, planifier sont les mots-clés de votre existence. Ils ont pour vertu de vous combler de cette réassurance tant convoitée. Plus vous contrôlez votre environnement, plus apaisé(e) vous êtes. Vous valorisez le savoir, les rituels, tout ce qui contribue à expliquer, expliciter et éclaircir ce qui se passe autour de vous.

Votre émotion dominante au regard de la « Chaîne de Valeur Émotionnelle » est LA PEUR.

***Mon conseil :** soyez peut-être moins prisonnier de vos jugements de valeur. Imposer trop de règles peut nuire à votre propre liberté d'expression et celle de ceux qui vous entourent. Acceptez que certaines choses vous échappent, et vous constaterez en toute objectivité que votre sécurité, votre intégrité ou celles des autres ne sont pas systématiquement remises en cause. Audace et danger ne sont pas synonymes, comme effort et souffrance ne vont pas toujours de pair…*

Si vous avez une majorité de **+ (plus)** concernant la figure suivante : ❍

Cela signifie que vous et vos émotions ça fait 2 !

Soit vous êtes du genre à les exposer à la face du monde et à les mettre en scène de façon exacerbée. Vous êtes « too much » disent ceux qui vous côtoient. La passion est votre langue.

Soit votre rapport à vos émotions est aux antipodes de ce qui est décrit précédemment. Vous les contrôlez au point de les rendre transparentes, invisibles, complètement neutralisées. Vous les repoussez au fond de la remise, en considérant qu'elles sont inutiles, au risque de paraître froid et sans états d'âme. La raison et les faits sont les maîtres mots de votre vocabulaire.

***Mon conseil :** Dans un sens ou dans l'autre, votre rapport à vos émotions doit faire l'objet d'un travail de « rééducation ». Elles ne sont ni la voie sacrée ni les chemins pavés de l'enfer ! Vous avez bien sûr d'après vous tous les alibis et toutes les bonnes raisons d'être conforté(e) dans vos choix comportementaux. Demandez l'avis de ceux qui vous entourent, écoutez-les et intégrez le fait que votre vision du monde n'est peut-être pas celle que les autres ont élaborée.*

Si vous avez une majorité de **+ (plus)** concernant la figure suivante : ●

Vous semblez avoir su apprivoiser vos démons. Vous êtes plutôt à l'aise avec vos émotions et donnez l'image de quelqu'un d'assez serein. Vous êtes souvent considéré(e) comme une personne de dialogue, avec laquelle l'entente est simple. Vous donnez l'impression que les choses sont faciles au risque de paraître superficiel(le). Votre gentillesse peut passer pour de la faiblesse, mais au fond cela ne vous contrarie pas.

Vous savez relativiser et prendre le recul nécessaire pour tenter de donner au lien une densité toute savoureuse.

Mon conseil : *votre équilibre est enviable. Vous savez vous mettre à la portée de vos interlocuteurs, mais ne vous oubliez pas !*

Si vous avez une majorité de – **(moins)** concernant la figure suivante : ▲

Les gens qui s'insurgent contre l'injustice ou les inégalités vous agacent. Vous avez envie de leur dire d'arrêter de se poser tantôt en victime tantôt en agresseur ! Vous souhaiteriez les convaincre qu'ils se trompent, mais peut-être craignez-vous de réagir trop fortement et préférez du coup vous taire parfois, quitte à « ruminer » dans votre coin.

L'émotion qui vous est la plus étrangère : LA COLÈRE.

Mon conseil : *restez vous-même tout en accueillant ceux qui vous irritent. Expliquez-leur votre ressenti, en restant calme et sans chercher à les remettre en question. Vous pourriez être surpris(e) par leur réaction et leur capacité à vous comprendre et à faire évoluer leurs comportements.*

Si vous avez une majorité de – **(moins)** concernant la figure suivante : □

Vous en avez parfois assez de ceux qui se plaignent ou se lamentent sur leur sort surtout quand, comme si cela ne suffisait pas, ils se dévalorisent. Vous avez envie de les bousculer et de leur expliquer ce qu'ils doivent faire, de les faire réagir. Mais c'est peine perdue. Vous pouvez également en avoir assez de les fréquenter. En leur présence vous sentez votre énergie décroître et vous vous rendez compte que peu à peu le lien s'étiole…

L'émotion qui vous est la plus étrangère : LA TRISTESSE.

Mon conseil : *sans vous en rendre compte vous faites peut-être exactement l'inverse de ce qu'il faudrait. Certes, il faut de la patience et de l'opiniâtreté dans ce genre de situation, mais si ces gens comptent pour vous, montrez leur une affection inconditionnelle. Ne les jugez pas et faites-leur savoir qu'ils peuvent simplement compter sur vous.*

Si vous avez une majorité de **– (moins)** concernant la figure suivante : ■

Vous rigolez sous cape quand vous voyez des personnes autour de vous s'effrayer pour un « oui » ou un « non ». En fonction de votre émotion dominante, ça vous énerve, ça vous fait de la peine, ça vous fait rire ou ça vous ferait plaisir de les sentir plus audacieux… Parfois ça vous laisse même pantois, car vous détectez cette émotion chez les autres dans les moindres interstices de la vie quotidienne ; une hésitation dans une prise de décision, des demandes de conseils pour une tenue ou le choix d'un plat au restaurant, etc. Vote lecture est immédiate : « c'est fou quand même de ne pas avoir plus confiance en soi… ».

L'émotion qui vous est la plus étrangère : LA PEUR.

***Mon conseil :** n'allez pas à l'encontre des comportements liés à la peur. Les preuves rationnelles sont aussi inefficaces avec la peur que le parapluie pour lutter contre la tornade… Soyez présent(e), conservez votre propre liberté et en quelque sorte montrez par l'exemple que « c'est possible ». Le besoin de preuve se muera en découverte de l'évidence…*

Si vous avez une majorité de **– (moins)** concernant la figure suivante : ❍

L'instabilité, l'exacerbation ou la neutralisation voire la dénégation des sentiments, ce n'est pas pour vous !

Les gens qui sont dans l'excès sentimental, vous les redoutez et vous vous montrez sceptique quant à leur sincérité. Ceux qui au contraire ne dévoilent rien de leurs émotions, vous les trouvez tristes voire insipides. Vous êtes partisan de la mesure et de l'équilibre.

***Mon conseil :** vous êtes à l'opposé de ces personnes ! Vous n'avez aucun état d'âme à ne pas les faire rentrer dans votre cercle amical ni à les exclure dès que vous avez pris conscience de leur nature. Parfois, à l'opposé, vous vous en voulez de supporter leurs humeurs et de tolérer des situations qui deviennent peu à peu intolérables pour vous. C'est parfois une question de survie que de savoir se protéger et se mettre à l'abri de liens qui vous font souffrir autant. Ma seule recommandation,* *expliquez votre point de vue pour qu'il n'y ait pas d'ambiguïté, quelle que soit votre réaction. Ça pourrait sinon se retourner contre vous !*

Si vous avez une majorité de **– (moins)** concernant la figure suivante : ●

Les gens qui donnent l'impression d'être équilibrés et gentils, vous n'y croyez pas ! Il ne faut pas vous le faire à vous... La perfection n'est pas de ce monde, sinon ça se saurait ! Vous vous méfiez et trouvez toutes les preuves nécessaires à la validation de votre représentation du monde. Des indices deviennent des preuves, des faits prennent une coloration toute particulière dès lors que vous vous sentez remis(e) en cause. Vos proches peuvent même vous reprocher une tendance à faire preuve de mauvaise foi.

***Mon conseil** : l'enfer, c'est les autres ? Si jamais vous le pensez, donnez-vous une chance d'avoir une bonne surprise. Faites les choix utiles dans vos amitiés et fréquentations pour vous entourer de personnes sincères. Si vous avez des doutes, ne concluez pas trop vite et prenez le temps de valider vos impressions en leur faisant part de vos interrogations ou de vos conclusions.*

CONCLUSION

Réactiver la machine à être heureux

LES ÉMOTIONS sont des modes d'adaptation ou d'articulation au social, dont on peut faire l'hypothèse qu'ils sont différenciés selon le positionnement de tout un chacun dans la structure sociale.

En ce sens, les émotions sont un mode de régulation non seulement au niveau individuel et micro-économique, mais aussi sur le plan de la collectivité et de l'activité macro-économique. Ainsi et par extension, à l'aide de la CVE, il est tout à fait possible de proposer une grille de lecture montrant le clivage des émotions et de la politique. On parlerait alors aussi bien de clivage émotionnel (Colère/Peur) que de clivage politique (Gauche/Droite).

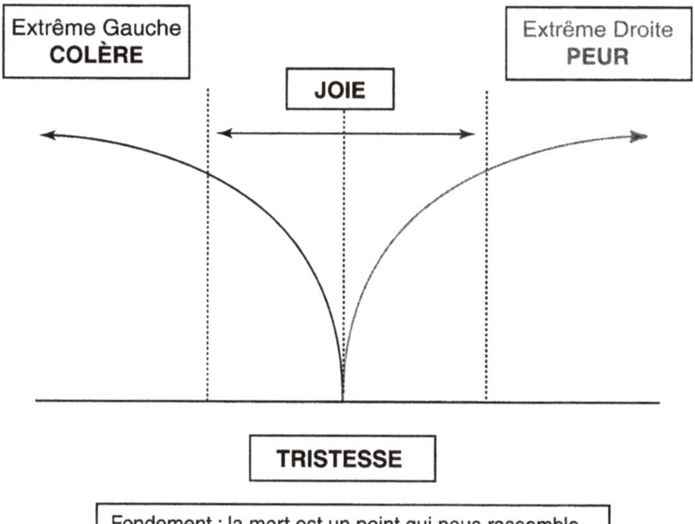

Clivage entre les émotions et la politique

Observons les débats, ne fussent que les plus récents : le plus souvent, ce sont la peur et la colère qui sont manifestes. C'est normal tant ces deux émotions engendrent des comportements qui nous permettent de faire face à la réalité. Le point de départ de notre transposition de la CVE au monde politique part du postulat suivant : qui que nous soyons, où que nous vivions, quoi que l'on fasse, nous nous acheminons inéluctablement vers la mort.

Au moins, sur ce point, tous les êtres humains de la Terre partagent un point commun. Or, cette perte de la vie à laquelle nous n'échapperons pas éveille dans notre for intérieur une tristesse profonde. La réponse à cette peine infinie, perdre la vie, est double : soit l'on réagit par la colère (« c'est trop injuste de mourir alors qu'on n'a déjà pas choisi de vivre !! »), soit par la peur (« dire que je risque de tout perdre à tout moment, que tout s'arrête pour moi et continue pour les autres »).

Celles et ceux qui « optent » pour la colère sont, en général, des personnes très sensibilisées aux injustices en ce bas monde, aux inégalités, elles cherchent à restaurer des équilibres sociaux, à promouvoir la dimension sociale de la vie en société. Bien évidemment, l'extrême gauche se retrouve du côté de ces individus quand la révolte n'est plus à fleur de peau mais carrément exacerbée.

De l'autre côté de l'hémicycle, on trouve les gens pour qui la mort suscite une émotion de peur. Cela va les inciter à être réfractaire au changement, plutôt conservateur, planificateur, rigoureux, organisés, prévoyants… Ils accordent peu ou pas de place à l'imprévu puisque, pour eux, toute évolution majeure représente un danger ou, tout au moins, un risque potentiel. Comme tout à l'heure du côté de la colère, cette fois c'est du côté de la peur portée à son zénith que l'on retrouve l'extrême droite avec le rejet de l'étranger, de l'inconnu, de toute différence potentielle qui pourrait constituer une menace.

Ce clivage traditionnellement dit gauche/droite et que je qualifie plutôt colère/peur, est inaliénable. Aucun centre ne peut tenir la route bien longtemps et l'exemple de François

Bayrou est caractéristique. Si l'on veut rassembler plutôt qu'opposer, il faudrait créer un « parti de la joie » !!! Dit de manière plus réaliste, un parti dont le système de valeur tendrait à réveiller cette émotion en chacun. Mais, nous l'avons vu, la joie est toujours un état transitoire. Voilà qui rend la posture bien incertaine… Il est à noter cependant que le parti politique du centre s'appelle parti centriste (on pourrait l'écrire « sans triste… »), ce qui au fond n'est plus très loin du parti de la joie…

À partir de cette réflexion, allons plus loin et demandons-nous quelle régulation pourrait englober toutes les émotions du monde en visant un mieux-être de l'Homme ?

Probablement le système religieux. Il agit tant sur le plan réel, que symbolique et imaginaire. À la vue du modèle de la CVE, on comprendra que ce soit là sa force. Quelques mots pour préciser : au niveau du réel, la religion propose bien des moments et des lieux de rassemblements. Des communautés aussi, que ce soit les associations de jeunes croyants, les scouts… Au niveau symbolique maintenant, et bien là encore, le système religieux détient une réponse : Dieu ou d'autres figures charismatiques selon le culte abordé nous aime de manière inconditionnelle. Nous évoquons l'idée de dieu ainsi nommé « Dieu le Père ». Enfin, sur le plan imaginaire, la foi propose toute cette part de magie, de miracles, de paraboles pour soutenir les croyances et les représentations. Voilà pourquoi, je m'autorise à avancer que la religion est l'outil parmi les plus aboutis de régulation émotionnelle.

Entendons-nous bien : si j'aborde à la toute fin de cet ouvrage une lecture plus « méta » des usages de la CVE, ce n'est ni par prosélytisme, ni au contraire, pour combattre les élans spirituels. C'est simplement une grille de lecture dédouanée de tout jugement. Un constat pur et simple.

Au même titre, (nous sommes le 18 octobre 2007, date de la 1re journée de grève générale de l'automne et date de relecture avant impression de cet ouvrage), il peut être tentant d'effectuer une lecture à l'aide de la CVE des mouvements de grève que les salariés des administrations publiques nous concoctent régulièrement en fin d'année.

Cette année, c'est le projet de loi concernant la réforme des régimes spéciaux des retraites qui est à l'honneur. Au plan purement émotionnel, certains trouvent injuste de devoir travailler plus longtemps, alors que leur travail constitue un labeur et qu'ils ne s'imaginent pas à quelques mois de la retraite que celle-ci puisse leur échapper. Cette injustice serait insupportable ! Les grèves et les manifestations dans la rue sont les moyens d'exprimer leur colère. D'autres sont guidés par la peur. Peur de gagner moins, peur de ne plus être considérés, peur de se sentir exclus peu à peu, peur du changement... Nous évoluons dans un climat à forte densité émotionnelle...

Au regard de la mécanique des engrenages émotionnels, peut-on dire que les grèves et manifestations constituent des comportements de pseudo-régulation ? Sans aucun doute ! En disant cela, il ne s'agit pas pour moi de donner un quelconque avis ni social, ni politique, mais de tenter d'imaginer des solutions de régulation des émotions en jeu. La surenchère émotionnelle n'est jamais à préconiser. Certains stratèges pourraient être tentés de faire réagir les personnes victimes de ces grèves, elles-mêmes en colère de subir ces préjudices : ne pas pouvoir se déplacer, être obligé de prendre un jour de RTT alors qu'on souhaitait le préserver pour la naissance prochaine de son petit-enfant, etc. Les médias peuvent être des vecteurs aisés de ces joutes émotionnelles et renforcer les tensions entre les clans…

La régulation nous indiquerait au strict plan technique de tenter de rassurer ceux qui ont peur, de réparer les préjudices de ceux qui se sentent lésés et expriment leur colère. Le problème, c'est que la rue en appelle aux régulations réelles et moins à celles symboliques. Les « gardiens » de notre société doivent savoir reconnaître ce qui est dur pour les uns, risqué pour les autres et proposer des systèmes capables de prendre en compte les dimensions tant réelles que symboliques. Ne pas le faire, ou ne le faire que sur un seul plan ne peut être pris que pour de la provocation, de l'indifférence ou de l'inconscience !

Revenons à nous : à l'aide de cette méthode, vous pouvez régler toutes sortes de situations parce que vous vous appropriez le schéma de l'engrenage émotionnel et de la CVE.

C'est un mécanisme, pas une série de recettes miracles.

L'accompagnement permet de comprendre ce qui est efficace ou inefficace dans nos comportements, puis de restaurer le cas échéant notre propre « chaîne de valeur émotionnelle » et de mettre en place de nouveaux comportements alternatifs jusqu'à en éprouver la pertinence. Redonner du sens à son projet professionnel, retrouver du plaisir à travailler et communiquer sur son lieu de travail, être bien en famille et parmi ses amis, voilà les effets concrets de la CVE.

La Chaîne permet de vivre ensemble sans pour autant renoncer à sa vie émotionnelle personnelle. Être ému, par exemple, est non seulement une expérience intime, mais une manière de créer du lien.

C'est essentiel car je fais le pari que l'expérience émotionnelle s'affirmera de plus en plus dans les années à venir comme le facteur de différenciation entre une personne bien dans sa peau et une personne malheureuse, entre un salarié performant et épanoui et un autre aux prises avec un épuisement professionnel, voire pire.

La CVE peut contribuer à réactiver notre machine à être heureux. C'est une partie de la marche vers le bonheur.

J'aimerais conclure par cette citation de Saint-Exupéry, extraite de son roman, *Citadelle*[1] :

« *Préparer l'avenir, ce n'est que fonder le présent. Il n'est jamais que du passé à mettre en ordre. À quoi bon discuter cet héritage ? L'avenir, tu n'as pas à le prévoir mais à le permettre.* »

1. Saint-Exupéry, Antoine, *Citadelle*, Paris, Gallimard, 2000.

BIBLIOGRAPHIE

Ouvrages

AIMELET-PÉRISSOL, C., *Comment apprivoiser son crocodile*, Paris, Pocket, 2004.

ANDRÉ, C., *Psychologie de la peur, craintes, angoisses et phobies*, Paris, Odile Jacob, 2004.

BENNETT-GOLEMAN, T., *L'alchimie des émotions*, Paris, Robert Laffont, 2004.

BLANC-SAHNOUN, P., *L'art de coacher*, Paris, InterEditions, 2006.

BERTHOZ, A., *La décision*, Paris, Odile Jacob, 2003.

BREUVART, J.-M. (sous la direction de), *Que cachent nos émotions ?*, Paris, L'Harmattan, 2007.

CHEVALIER, C., *Faire face aux émotions*, Paris, InterEditions, 2006.

DAMASIO, A.R., *L'erreur de Descartes*, Paris, Odile Jacob, 2000.

DAMASIO, A.R., *Spinoza avait raison – Joie et tristesse, le cerveau des émotions*, Paris, Odile Jacob, 2005.

DANTZER, R., *Les émotions*, Que sais-je ?, Paris, PUF, 2005 (3e édition).

JEANNEROD, M., *Le cerveau intime*, Paris, Odile Jacob, 2005.

LELORD, F., André, C., *La force des émotions*, Paris, Odile Jacob, 2004.

LUMINET, O., *Psychologie des émotions : confrontation et évitement*, Paris, De Boeck Université, 2003.

GOLEMAN, D., BOYATZIS, R., MCKEE, *L'intelligence émotionnelle au travail*, Paris, Village mondial, 2005.

HAUVETTE, D., VANBREMEERSCH, C., *Le pouvoir des émotions*, Paris, Editions d'Organisation, 2004.

KÜBLER-ROSS, E., *Les derniers instants de la vie*, Genève, Labor et Fides, 1975.

ROY, E., LAINE, C., *Manager les émotions*, Paris, Esf, 2004.

RIME, B., MOSCOVICI, S., *Le partage social des émotions*, Paris, PUF, 2005.

SANANES, B., *101 bonnes façons d'apprivoiser son émotivité*, Paris, InterEditions, 2006.

STEINER, C., PERRY, P., *L'A.B.C. des émotions : un guide pour développer son intelligence émotionnelle*, Paris, InterEditions, 1998.

VINCENT, J.-D., *Biologie des passions*, Paris, Odile Jacob, 1999.

Articles

Pour La Science, n° 302, 2002, « L'empathie ou l'émotion partagée », Jean DECETY.

Pour La Science, n° 309, 2003, « spécial cerveau »

Cerveau & Psycho, n° 1, 2003, « Les raisons de la colère », Thomas HÛLSHOFF.

Cerveau & Psycho, n° 2, 2003, « La quête du bonheur », Uwe HARTMANN, Udo SCHNEIDER et Hinderk EMRICH.

Cerveau & Psycho, n° 6, 2004, « Cerveau et émotion », Manuel LENZEN.

Cerveau & Psycho, n° 6, 2004, « Le code des sentiments », Steve KLIMCHAK.

Science & Vie, n° 232 (hors série), 2005, « L'Empire caché de nos émotions ».

Sciences Humaines, n° 171, 2006, « Les émotions donnent-elles un sens à la vie ? », dossier coordonné par Jean-François DORTIER.

REMERCIEMENTS

Le 18 septembre 2003, avec mon ami et associé Jean-Pierre Gimenez, nous avons créé Excelia, notre entreprise de conseil en Ressources Humaines.

Aujourd'hui même, nous sommes le 18 septembre 2007, date à laquelle j'écris ces lignes. Il y a 18 ans tout juste quelques minutes après minuit (donc le 19 !) venait au monde ma première fille Camille. Il y a tout un symbole dans cette concordance des temps.

Jean-Pierre a été le témoin quotidien de l'acte fécond que sont la création, la formalisation et la transcription d'un travail de recherche, de questionnements et de pratique. À chaque instant, il m'a apporté sa confiance et ses idées. Son affection me touche. Il a permis que ce travail éditorial trouve sa place au sein d'un projet d'entreprise qu'est le nôtre. Que c'est bon de travailler auprès de lui. Je le trouve sincèrement remarquable !

Souvent, très souvent, j'aborde les émotions en faisant référence au monde de l'enfance. Chez eux l'émotion n'est pas encore altérée au sens où la censure moraliste pas toujours utile du monde adulte n'a pas encore accompli son œuvre. Mes quatre enfants, Théo, Julia, Anaïs et Camille m'ont inspiré une lecture poétique de la colère, la tristesse, la peur ou la joie. Je les chéris de leur patience et indulgence à l'égard d'un père, certes respectueux de leurs ressentis mais aussi combien « soûlant » avec ses principes vertueux… Ils sont un pur cadeau de la vie. « Voilà, ça c'est fait ! », comme ils diraient …

Sylvie Roussillon, Responsable du pôle Développement Personnel de l'E.M. Lyon (École de Management) a eu la générosité de m'accueillir au sein de son groupe de recherche.

Avec d'autres praticiens et chercheurs en Sciences Humaines et de Gestion, nous avons échangé et confrontés nos pratiques et sujets de thèse ou éditoriaux autour du thème du leadership. Leurs points de vue et réactions ont renforcé ma conviction que la CVE se positionne comme un modèle compatible et complémentaire d'autres approches. Je remercie d'ailleurs Marianne Bazes pour son cadrage biologique de l'émotion.

Les émotions sont bien sûr largement représentées dans la littérature et les courriels grâce aux émoticons (contraction d'émotions et d'icône). Il me paraissait légitime de les figurer, de les illustrer même. Ce travail a été accompli avec humour et sérieux par François Baude qui dessine comme d'autres respirent…

Bien entendu, je ne saurai continuer ce florilège sans celles et ceux qui m'ont soutenu, encouragé ou conseillé ; amis, collègues, clients et candidats à la « passation » de la CVE sans une attention toute particulière envers Hélène de Castilla, mon éditrice. Elle a su se montrer patiente – ah les délais !! –, compréhensive et ferme à la fois. Jamais en colère… Mais au fait, c'est quoi sa CVE ?... !

Je ne peux continuer sans évoquer l'étroite et bienveillante collaboration d'Émilie Devienne qui, depuis de longs mois m'accompagne dans ce projet éditorial. Elle a su allier patience et disponibilité pour transcrire ce modèle dans le respect de la pensée de son concepteur. Elle m'a aidé à le clarifier et à le rendre accessible sans pour autant le dénaturer. C'est du travail d'orfèvrerie.

Enfin, j'ai la chance d'être accompagné par une compagne dont les qualités humaines sont une source d'inspiration permanente en matière de cohabitation épanouie entre raison et émotion. Je mesure le privilège que c'est de partager ma vie avec Cécile.

L'HEURE DE LA « RÉVOLUTION ÉMOTIONNELLE » A SONNÉ ! Rien de théâtral, pas de déploiements intempestifs, plutôt une révolution sage mais étonnement puissante. En effet, on gère son budget, on gère sa vie, on gère ses sentiments (paraît-il...), mais que fait-on de ses émotions ? Nous sommes pourtant confrontés à elles chaque jour et en permanence, tant dans notre vie professionnelle que personnelle.

Quid de l'implication de nos émotions dans nos échanges ? Que fait-on quand un inconfort, voire une souffrance, s'impose à nous et que nous nous sentons démuni face à elle ? Nous trouvons des biais, mais intrinsèquement, nous ne résolvons rien. Pourquoi ? Parce que la communication, les échanges, les discussions, les liens sont porteurs d'une valeur émotionnelle et affective que l'on néglige à tort.

Grâce à une juste maîtrise des engrenages émotionnels en recourant à la Chaîne de Valeur Émotionnelle (CVE), il est possible de mettre en place des comportements régulateurs de l'émotion et ce, de façon durable et constructive.

La CVE est un outil concret, pratique et rapide à maîtriser dans la forme présentée ici.

« Nous sommes tous des bricoleurs de nos émotions.

Je propose de passer du bricolage à l'ouvrage. »

Robert Zuili
Adresse email : cve@excelia.fr
www.excelia.fr

Imprimé en France
FRHW011020281223
37565FR00010B/589

9 782100 515202